AUGUSTE HOCK

ŒUVRES COMPLÈTES

TOME III

CROYANCES & REMÈDES POPULAIRES

AU

PAYS DE LIÉGE

LIÉGE
IMPRIMERIE DE H. VAILLANT-CARMANNE ET Cie

1872

ŒUVRES

DE

G. AUGUSTE HOCK

TOME III

CROYANCES

ET

REMÈDES POPULAIRES

AU

PAYS DE LIÉGE

LIÉGE
IMPRIMERIE DE H. VAILLANT-CARMANNE ET Cie

1872

A Monsieur Ulysse Capitaine.

Je viens vous offrir un plat indigeste ; je ne me dissimule pas les imperfections de mon travail ; il y faudrait plus d'ordre et par suite plus d'intérêt. J'ai recueilli les souvenirs du peuple et j'ai noté ses traditions à mesure que j'en ai eu connaissance ; j'ai rassemblé des matériaux que d'autres pourront utiliser plus tard : rien de plus. Mais le sujet est si curieux par lui-même, et vous êtes si friand de tout ce qui se rapporte de près ou de loin à notre cher Liége, que je n'ai pas hésité à placer mon ouvrage, tel qu'il est, sous le patronage de votre nom. Ce sera son meilleur passe-port.

Auguste HOCK.

INTRODUCTION (¹).

Si l'instruction et la civilisation font disparaître de nos villes la croyance aux faits surnaturels, aux revenants, aux sortilèges, aux sorcières, aux superstitions, aux préjugés, ainsi qu'aux remèdes familiers et à l'influence attachée aux images de saints : nos villages se débarrassent difficilement de ces rêves d'un autre temps.

Avant que nos anciennes mœurs aient complétement disparu, nous croyons, avec la Société de littérature wallonne, qu'il y a quelque intérêt à recueillir les dernières traces des pratiques religieuses ou profanes plus ou moins bizarres, auxquelles nos aïeux attachaient une efficacité souveraine pour guérir ou prévenir les maux de l'humanité.

On nous dira : les prières ne vont pas au bois. D'accord; mais avant tout, allons trouver le médecin, qui a fait une étude spéciale de notre constitution physique. Nous nous garderons bien

---

(¹) Ce travail a obtenu la médaille d'or au concours ouvert en 1867 par la Société liégeoise de littérature wallonne. *Membres du jury* : MM. C. A. Desoer, Ch. Grandgagnage, A. Le Roy, A. Picard et J. Stécher. — *Rapporteur* : M. Ch. Grandgagnage.

de détourner de la prière une mère inquiète, au chevet de son enfant malade ; mais nous lui dirons : au lieu de courir en pélerinage, invoquez Celui qui est partout, et qui par conséquent veille avec vous auprès du berceau.

Nous n'entreprenons point une discussion en règle : notre seul but est de faire connaître les us et coutumes de nos pères ; nous n'avons pas demandé aux vieillards qui nous ont renseigné, s'ils croyaient ou s'ils ne croyaient pas. Nos archives ne sont rien d'autre qu'un recueil de récits puisés dans les souvenirs de nos anciennes familles ; l'exactitude en a été contrôlée par la comparaison de plusieurs versions ; en aucune circonstance nous n'avons donné carrière à notre imagination. Dans les cas douteux, nous avons consulté, pour nous former une conviction, les auteurs le plus accrédités (1).

(1) Je recommande au lecteur curieux de remonter jusqu'aux traditions païennes, les ouvrages de P. Lebrun, d'Al. Maury, de Schayes, etc., etc. Selon Maury, il n'est pas jusqu'à l'usage de clouer sur les portes des animaux sauvages, il n'est pas jusqu'à l'effroi qu'inspire une salière renversée qui ne datent des temps païens.

CHAPITRE PREMIER.

— Que ferons-nous pour déchirer le temps? disait un de nos amis. Voici bientôt un mois de vacances passé ; l'ennui commence à nous gagner.

— Si nous allions à la fête, au village! Nous ferions danser les jeunes filles! A Verlaine, voulez-vous ?

— Merci! les filles y sont trop lourdes et la Hougaerde y est détestable...

— Et toi, que proposes-tu ?

— Moi! Une idée! Louons un bateau et laissons-nous aller à la dérive, où la Meuse voudra nous conduire.

— A Maestricht, parbleu !

— En voilà une partie de plaisir monotone, allons donc !

— Vous n'y entendez rien ni l'un ni l'autre : quand on croit assuré de trouver le plaisir, on ne le rencontre pas. Fiez-vous à vos vingt ans, préparez des provisions de bouche, des romans pour ceux qui n'aiment pas la nature, et voguons au petit bonheur. Je demanderai le vieux Paschal pour nous conduire ou plutôt pour nous empêcher de faire naufrage.

— Ça me va, — j'en suis, — et moi, — ça y est, — décidé ! — Chorus général.

Le lendemain, à six heures du matin, par un soleil splendide de l'an 1850, quatre ou cinq jeunes gens pleins de vie et de gaîté chargeaient sur la nacelle du vieux Paschal un panier de vins, des pistolets et de la viande salée en quantité suffisante pour un peloton de soldats prussiens.

Le vieux batelier avait eu soin de disposer deux planches pour servir de banc; vers les deux extrémités de la nacelle, de vieux ballots reposaient sur du foin. La chaîne retirée, le ferré nous écarta du port de la Goffe. *A l'wâde di Diew !*

Nous étions beaux à voir glissant fièrement sur l'eau, avec nos blouses bariolées et nos chapeaux de toute forme et de toute couleur. Nous attirâmes d'abord l'attention des commères du marché au fruits.

— *Là, les qués ! Loukîz donc, Dadite ? W'allez-v' donc, binamé ?*

Puis la distance nous empêcha — c'est dommage — d'entendre les jolis quolibets qui nous étaient décochés.

Les pipes s'allumèrent.

— Tiens ! l'ancienne École de commerce ! J'y suis allé pendant trois ans.

— De mon jeune temps, dit timidement notre vieux marin d'eau douce, il y avait dans cette maison des revenants et de noirs esprits ! On n'osait y passer la nuit, tant le bruit des chaînes était effrayant.

— Où cela ?

— Mais dans la maison que Monsieur vient de désigner ; dans la maison occupée par le professeur Charlier, il y a une quinzaine d'années, près de la fabrique linière. On en dégoisait long sur cette maison.

— Racontez-nous donc cela, mon vieux Paschal ? Nous sommes tout oreilles.

— Je n'oserais, Messieurs, vous êtes trop instruits à présent ; on rit des histoires de ma jeunesse. C'est que moi, j'avais quatorze ans, quand le dernier prince de Liége a quitté son palais.

Le bonhomme n'avait pas achevé sa phrase qu'un verre à vin rempli de genièvre tout perlant lui réjouit la vue.

— Ah ! Messieurs, vous êtes bien honnêtes. *C'est dè bon, cicial !* Je vais tâcher de me rappeler ce que mon père nous contait en wallon.

LI SPÉRE.

Oh ! quélle affaire ! avez-v' eliudou dire,
  Qu'on spére rivint !
On veut tote nute pochi n'grosse aloumîre
  So l'tiess' d'on chien.
Hierchant des chaîne so les gré dè l'montêie,
  I fait tant d' brut,
Qui ciss' mohonne ni seret mâie ach'têie
  Ni d'dial ni d'Diu.
Qui l'occupreut sins qu'elle seuye ribèneie
  Di nosse curé ?
Ça fait fruzi ! on n'pout s'è fer n'ideie,
  On n'pout durer.
C'est quéqu' damné, bin sûr, qui r'vint so l'térre
  Po s'punition :
C'est quéqu macrai, c'est l'maisse qui r'vint à spére
  Po n'mâle action.
Puis n'aute dihév : ci n'est qui des macralle,
  Qui v'net danser ;
Atou d'on feu, tot plein d'soufe et d'brocalle,
  On l's ôt bizer.
Sâvez-v', sâvez-v', ça c'est pu vite quéqu' diale
  Po s'amuser.

La maison resta inhabitée pendant très-longtemps, jusqu'à ce qu'on apprit que les revenants n'étaient que des malins qui cherchaient à déconsidérer ce bel immeuble à leur profit.

Ayant remarqué que le genièvre avait produit un bon effet, on recommença une distribution de petits verres, *ine tournée enfin* ; puis on ramena la conversation sur le chapitre des croyances.

—On se laissait si facilement *à dire*, reprit le vieux Paschal, que pendant plus d'un an, mon père, ma mère, mes sœurs, mes frères et moi-même, on se levait à minuit pour voir passer sur le haut des montagnes une voiture de feu !

— Diable !

—Il faut savoir, Messieurs, qu'à la fin de l'autre siècle, l'entrepreneur des boues s'appelait P. X. nous l'appellerons P. X., le peuple le nommait P..... *cindrisse*.

Ses ouvriers enlevaient les immondices, ce qui lui faisait beaucoup d'argent ; lui se contentait d'enlever femmes et filles. Au bon vieux temps, Messieurs, on ne badinait pas avec ces choses-là : un jeune homme qui avait une maîtresse était conduit à Ste-Barbe ou à St-Joseph, Outre-Meuse. Et comme la vie de P. X. ne s'accordait guère avec les commandements de Dieu et de l'Église, vous comprenez qu'à sa mort les contes les plus effrayants circulèrent sur son malheureux sort en l'autre monde. On disait que son âme revenait sur cette terre et qu'elle était tourmentée par ses victimes.

Et à preuve, on ajoutait — qu'il était condamné à poursuivre éternellement sa course vagabonde dans un carrosse de feu, sur la crête des montagnes qui entourent la ville de Liége. Les roues de la voiture formaient un tourbillon ardent, et jusqu'aux crinières des chevaux étaient flamboyantes!

Voilà pourquoi les fenêtres du dernier étage s'ouvraient vers minuit, pour laisser passer des milliers de têtes curieuses de voir le dernier équipage du fameux P. X.

Tout en devisant de la sorte, notre conducteur dirigeait sa nacelle de façon à se garer du choc d'un énorme bateau plat qui remontait la Meuse.

— Heureux temps, heureux âge! dit Paschal en entamant un petit pain couronné d'une langue de mouton, que l'un de nous venait de lui passer.

— Bah! tous les vieux disent la même chose.

— La roue tourne, Messieurs! Je suis comme vous de bonne famille bourgeoise : mon père était marchand de fer à la Goffe ; il comptait même dans les plus riches de l'époque. Le malheureux fut tué par un brigand à la grande révolution, en défendant l'honneur de ma mère. Plus tard, ruinés et orphelins, nous fûmes enlevés en 1803 comme conscrits de la république ; ensuite, sous les drapeaux de Napoléon, un de mes frères est mort en Autriche et les deux autres ont été tués en

Espagne. Deux de mes sœurs religieuses se virent chassées de leur couvent ; l'une se fit diseuse de bonne aventure pour gagner son pain ; l'autre, pour la même raison, se mit à prier pour les gens et fit des pèlerinages payés, à Notre-Dame de Hal, à Montaigu, à la Sarte, etc.

Ici un grand verre de vin blanc fut offert au vieux batelier plutôt comme encouragement que pour lui faire digérer sa miche.

— Vous devriez nous conter quelques pélerinages, lui dis-je.

— Volontiers ; mais donnez-moi un verre de votre vieux genièvre pour chasser votre vin blanc qui me refroidit la poitrine.

— Voilà, mon vieux.

— Merci bien, Messieurs, à votre santé. Vous riez, jeunesse, quand on vous dit que la fortune est changeante, et cela parce que vos pères ont été laborieux. Eh bien ! votre vieux conducteur, que vous faites bavarder, a quitté l'armée française en 1815, après Waterloo ; depuis lors, il conduit les bateaux pour M. Joiris et d'autres et cela comme ouvrier : ce sont les mêmes bateaux qui conduisaient les marchandises de mon père. Heureux règne que celui d'aujourd'hui. Je préfère le Napoléon d'à présent à celui de mon temps : vous prospérez vous autres !

— C'est très-possible, Paschal, mais vos pélerinages ?

— Pardon, excuse, Messieurs : c'est votre vin blanc qui me fait *copiner*. Le pélerinage que je faisais toutes les années, il y a 25 à 30 ans, c'était le voyage à St-Servais à Maestricht ; dans les mêmes conditions que celles où nous sommes à présent. Une réunion de voisins et d'amis louait un bateau chez Montulet, en Gravioule, ou chez Joiris sur la Batte, et moi, comme batelier, je conduisais. En passant devant certain village l'on priait, et entre deux l'on riait et l'on trinquait. Arrivé à destination, on allait invoquer St-Servais, puis les pèlerins s'agenouillaient pour voir défiler la belle procession. Après avoir visité la ville, mangé un morceau sur le pouce, on s'en revenait vers Liége à pied ; les bateaux et les nacelles remontaient la Meuse le lendemain, attachées les uns aux autres derrière la barque, qui mettait toute une longue journée pour remonter jusqu'à Liége (1).

---

(1) Cette promenade en bateau se faisait en 1850. Nous croyons devoir ajouter que la fête à St-Servais est loin d'être oubliée ; bien au contraire. On lit dans le *Journal de Liége* du 17 mai 1863 : Le chemin de fer a transporté en un jour 5,160 personnes de Liége à Maestricht, et les bateaux à vapeur sont si chargés de voyageurs qu'ils touchent le fond et ne peuvent avancer.

La ville de Maestricht possède encore un Christ miraculeux ; j'ai eu l'occasion d'y conduire un grand nombre de voyageurs. Le dernier dimanche de septembre commence la neuvaine qui attire une grande quantité de pélerins à Wyck, dans le quartier d'Outre-Meuse de cette ville. On raconte.....

— Écoutons !

— On raconte qu'une jeune fille, il y a bien des siècles, avait planté une noix, laquelle noix avait produit un arbre superbe. Quand on voulut tirer parti de ce beau noyer, la hache et la scie du bûcheron s'arrêtèrent sur un corps dur comme l'acier. Les outils les mieux trempés venaient s'y ébrécher comme sur le diamant ! On résolut de peler l'arbre jusqu'à l'endroit qui avait résisté. On mit ainsi à découvert, après plusieurs jours de travail, le Christ magnifique qui attire tant de monde aujourd'hui encore.

— Est-il en acier ?

— Il est en bois, mais d'un bois dur comme l'acier, dit-on.

— Quel charmant pays, s'écria l'un de nous, en passant devant le village d'Argenteau ; que c'est beau ! Un petit verre au bonheur des habitants de ce délicieux séjour !

— Merci, Messieurs, pour le petit verre et pour

votre première admiration, que j'attendais depuis longtemps. Avant les chemins de fer, j'ai conduit des Anglais, des Allemands, des Français et d'autres étrangers depuis Givet jusqu'à Bois-le-Duc et, je vous assure, j'avais du plaisir à les entendre s'extasier sur notre beau pays.

Puis Paschal jeta un coup d'œil de reproche sur l'un de nos jeunes gens qui s'était endormi, couché à la pointe de la nacelle.

— Ne faites pas attention, mon cher navigateur d'eau douce : ce sont les petits verres et le grand air qui ont assoupi le jeune homme ; il adore son pays depuis qu'il voyage avec les billets de *tournées*.

Les amis se mirent à jouer aux cartes, deux contre deux ; pendant qu'ils se disputaient le payement du diner à consommer à Visé, je ramenai adroitement notre vieux pilote sur les légendes.

— Qu'entendez-vous par légende ?

— Eh bien ! mon vieux, ce sont des histoires du temps passé, sur les choses merveilleuses, les vies des saints, les guérisons miraculeuses, etc.

— Connaissez-vous St-Gerlach de Houthem, près de Maestricht? On y vend un petit livre en flamand très-curieux, renfermant une grande quantité de miracles. M. Denis raconte très-longuement qu'une épidémie ravageait les vaches d'un fermier ; sept sur quatorze étaient emportées par *un feu* qu'elles avaient dans le corps. Ni remèdes ni prières, rien n'y faisait ; un vieillard se présente, visite l'étable, soulève une pierre du pavé et retire une corne ! Cette corne faisait le malheur du fermier.

— Tiens, dit un des joueurs, je croyais qu'il en fallait deux !

— Paschal sourit et continua. Le vieillard fit communier les gens de la ferme et leur remit la prière que voici :

« *Quand vous entendrez la voix du Seigneur et
» accomplirez ses commandements, alors seront bénis
» les fruits de vos bestiaux, les troupeaux de vos
» béliers et les étables de vos moutons. Dieu tout-puis-
» sant qui amoindrit nos peines par l'intermédiaire
» des bêtes déraisonnables, nous vous prions par
» St-Gerlach de ne pas laisser perdre ce qui doit
» servir à la nourriture de l'homme.* »

Il paraît que St-Gerlache était un enfant de Houthem, de parents nobles, et qu'il fut assez libertin dans sa jeunesse ; mais Dieu le rappela dans le bon chemin. Pendant sept ans, il garda les cochons pour obtenir le pardon de ses fautes ; en marchant pieds nus il se blessa, ce qui le fit boîter toute sa vie. Et chose à noter, c'était ce même pied qui avait frappé sa noble mère.

La brochure rapporte des miracles par milliers, jusqu'à des femmes guéries des maux d'enfantement, des boiteux, des aveugles, etc., etc.

Aujourd'hui encore, les paysans vont là en masse chercher de la terre bénite ; il y en a même, nous assure-t-on, qui ne la gardent pas toute pour les bestiaux et qui en mangent (1). La même coutume existe encore à Haekendover, près de Tirlemont, à Ste-Brigitte d'Amay, la terre bénite se mêle à l'eau ; mais c'est toujours à peu près la même chose (2).

A propos des saints qui guérissent le bétail, je pourrais bien vous conter une petite anecdote du temps passé.

Non loin des bords de la Meuse, il y avait un pauvre village qui possédait une pauvre chapelle ; un jour le pauvre marguillier dit à son pauvre curé : C'est bien dommage, Monsieur le curé, que nous n'ayons pas un pauvre petit saint qui aurait la vertu de guérir quelque maladie, comme on en trouve dans d'autres villages ; cela amène du monde et l'on s'en ressent. Et le malin *mârlî* dit : *Leyîz-me fer, Monsieur l'curé, j'è trouv'rè bin onk.*

Écoutez !

Nosse-sinsieux mârlî saveut bin qui les vache magnît voltî des saléiès heibe ; il chuziha l' pus belle plece dè l'waide dè curé, et là, il èterra on vî saint

---

(1) Historique.
(2) Voir ci-après.

viermolou qu'il aveut r'trové dizos des veyès bardak'reie qu'estît à l'copette, inte li soffrante dè teut et l'vôsseur di l'Eglise. A bai moiteie d'ine neure nute, nosse mârli aveut s'tu, sins rin dire, èterrer l' vî saint!! Après avu r'mettou l' wazon, il alléve di timps in timps et comme si rin n'è fouxhe, taper so l'même plèce ou seyai d' foite sâmeure. Quéque timps après, les buveu et les woisin ni târdît nin dè r'marquer qui les vache d'à Monsieu l'curé dimanît todi el même pârteie dè pré, et mâgré qu'il gn' aveut pus rin à-z-y magnî, elles lèchît co l'térre! Tos les joû, elles si ramassît so l'même boquet ripassant leu lâgès linwe so l'terrain! On jâsa d' l'avinteure divins tot l'woisinège; on accorève di dihe heure lon. Esteut-ce li dial, on sôrt, ou les neurs esprit! mutoi des sottai? Enfin, on conv'na qu'on dimègne après grand'messe, li curé ireut veie çou qu'c'esteut. Et volà par on bai dimègne di maie èco cint et cint gin qui sûvet. Les homme des confrèreie et tos les appartenant d' l'Eglise; onk avou l'creux, in aute avou n'pâle, tos les aute avou des hache (¹) *; et volà ès l' procession dè cis qui chantet dès nétaleie; et à l'cowe totes les femme di treus qwate viège, dihant l'chap'let tot haut. Estant arrivé, li curé bènihe li pré et volà qu'après avu tappé del beneute aiwe so*

___

(¹) Des flambeaux (*hacha*, en espagnol).

l'plèce qui les vache dimanît, on r'foïa l'boquet salé ;
aoi mais, li pâle dogua so n'saquoi d' deur, et qu' trova-t-on ? ji n'a nin mesâhe di v's el dire.

Voilà, monsieur, un vieux conte de l'autre siècle ; les loustics d'alors avaient une quantité d'historiettes de ce genre, et les personnes les plus dévotes se plaisaient à les raconter.

Je connais le village, mais je ne veux pas le nommer pour ne pas lui faire tort ; on implore le saint quand les vaches sont malades.

— Allons, vieux bavard, s'écria un des joueurs, voilà Visé ! aborde à ce beau rivage, nous irons manger une oie.

Puis nos écoliers en vacances entonnèrent en chœur :

Le vin, le jeu, le vin, le jeu, les oies, voilà, voilà, etc.

Binamé Saint Hâlin !
Fez qu'nos trovansse dè vin ;
D'á haut di vos potale
Bènihez nosse nèçalle.

CHAPITRE II.

Après avoir dîné, je laissai mes gais compagnons à l'auberge et j'allai prier un notable de l'endroit de me renseigner sur les pélerinages des environs. Mon homme n'en savait pas grand' chose : les coutumes anciennes, les terres bénites, les pélerinages de jour et de nuit, où, disait-il, le peuple allait s'abrutir dans les cabarets, et où les jeunes filles avaient toutes facilités de s'égarer dans les sentiers du désordre, en se couvrant du manteau de la religion, il n'aimait guère tout cela. Aussi me dit-il d'un regard courroucé : instruisez le peuple et vous éloignerez les mauvaises croyances.

— Je n'ai nullement l'intention de discuter ce sujet, Monsieur, mais vraiment j'éprouve du plaisir à rechercher les anciens usages. Ah ! voilà au-dessus de cette commode une bien belle gravure : c'est, je crois, saint Hadelin ?

— Quant à celui-ci, il sort tout à fait du cercle des autres saints ; c'est d'abord un enfant du pays, et celui-là n'a pas été sourd à mes prières : il m'a guéri de mes fréquents maux de tête.

Je quittai mon avancé de village, convaincu qu'il y a toujours dans le cerveau des hommes d'étranges contradictions.

A peine avais-je marché vingt pas, que je fus accosté par trois tricoteuses qui me criaient : *Qui qwèrez-ve donc, monsieu?* Ces femmes ne demandaient qu'à parler. M'adressant à la plus âgée, je lui dis que je venais à Visé pour le mal de reins. Tout-à-coup les deux plus jeunes éclatent de rire, en me demandant si j'étais marié ou si je *hante* en mariage ; et sans attendre ma réponse, elles rient de plus belle en m'adressant des questions si décolletées, que je deviens rouge comme une cerise. La plus honnête disait :

Oh! l'pauvre èfant. — On l'èvôie porminer. — Pa! il n'pout rotter. — Il est surmint bin stoirdou. — Il sût on régime trop foirt por lu. Heureusement la vieille tricoteuse fit taire les deux farceuses au langage primitif et peu couvert. — Venez vous asseoir sur cette pierre, me dit-elle, nous causerons. — Non, répondis-je, entrons dans ce cabaret : je paie le café ! L'offre fut acceptée avec joie et les trois femmes me suivirent en tricotant.

Je dois dire que le mouvement de leurs mains et de leurs bras m'agaçait tellement que je voulus m'en aller ; mais apercevant une tarte au riz, je la mis sur la table. J'avais trouvé le moyen de leur faire cesser le mouvement nerveux qui me troublait et me donnait le vertige. En mangeant, la vieille me dit tout en essuyant son menton couvert de riz au lait :

— Le dernier dimanche de septembre, vous irez au village de Richelle, vous assisterez à la grand' messe, et, en passant pour aller à l'offrande, vous ferez comme tout le monde, vous vous frotterez le dos sur St-Firmin (1).

Saint-Firmin attire une grande quantité de paysans flamands et wallons ; les pélerins qui viennent de loin partent la nuit et prient tout le long du chemin.

Nous avons aussi, pour les maux de reins, Saint-Hadelin à l'église de Visé.

— Les maux de reins sont donc communs ?

— Oui, Monsieur, amenés plutôt par l'oisiveté que par le travail. Vous verrez, à l'église, un grand cadre où l'on place les cœurs, les jambes et les bras en argent offerts au bienheureux saint Hadelin, qui guérit les douleurs rhumatismales.

— Vous oubliez Saint-Màkrawe, au village de Mesch ?

---

(1) Les paysans disent St-Froumin.

— Un instant, Saint-Mâkrawe est très-connu, et si monsieur ressent toujours des douleurs, je lui conseille d'aller trouver ce grand saint.

— Écoutez-moi, *binamé Monsieu*, me dit la plus jeune et la plus gaillarde des trois femmes : Il faut surtout demander aux bons Saint-Mâkrawe, St-Hadelin et St-Firmin qu'ils vous accordent la grande vertu de sagesse ; alors vous n'aurez plus des maux de reins. — Encore !

— Ni des maux de gorge. Est-elle jolie ? Elle est blonde, n'est-ce pas ? *Vos n'estez nin raisonnâbe, paret.*

— Je ne comprends pas.

Puis les trois tricoteuses de rire comme trois bottresses en frappant leurs mains sur leurs jambes. Je dus supporter la gaîté de ces femmes que mes prétendus maux de reins excitaient. Je regrette vraiment de ne pouvoir reproduire leur langage.

La plus jeune des tricoteuses pouvait avoir trente ans ; elle était grande et forte, et ses yeux vifs et brûlants me disaient assez que son mari avait dû souvent faire le voyage à Saint-Mâkrawe. Vous ne tarderez pas, me dit-elle, à ressentir des crampes dans les jambes ; pour ces douleurs, vous tournerez des bandes de peaux d'anguilles en forme de jarretières ; une jarretière de coton de lampe, *dè lignoû d'lampe*, à la jambe affectée, c'est bon aussi. Et mettez le pied sur une pierre froide.

Si madame avait un jour une maladie à la matrice, *qui l'bon Diu el' wâde*, nous avons, au petit hameau de Mons, la bonne S{ie}-Matrice.

La vieille imposa silence à l'autre commère et reprit : Les mamans qui auraient des enfants *haipieux*, qui ne mangent pas, qui marchent difficilement, faibles enfin, vont de huit jours en huit jours trouver :

1° Saint Hadelin, à Visé.
2° » Firmin, à Richelle.
3° » Màkrawe, à Mesch.

Après ces trois pèlerinages, si les enfants ne vont pas mieux, *s'il n'frugît nin*, on emploie les bons petits remèdes connus dans tous les pays.

>Qwand les èfant div'nît haïàves,
>Et qu'il plorit po quèqu' maquet,
>On prindéve des air amistàves
>Po l's y mette àx bresse les paquet.
>C'esteut des hièbe, dè l'mariolaine,
>Totes sôrt d'affaire qui fit dè bin,
>Qwand les èfants avît l'fiv'lenc,
>Ou qu'il plorit po quèqu' mehin.

La troisième visétoise qui n'avait rien conté, me dit, en faisant une profonde révérence : si Monsieur nous offrait un petit verre de quelque chose de bon et doux, je lui parlerais de St-Antoine.

— Lequel ?

— Mais celui au cochon.

— Monsieur n'a pas de cochons ? reprit la vieille.

— Oui, lui dis-je; et les quatre petits verres d'anisette étant versés, je demandai le moyen de guérir mes bestiaux.

— Saint Antoine repose à Aubin-Neufchâteau ; les paysans viennent y prier pour préserver leurs cochons de maladie. A la grand'messe, on bénit des petits pains qu'on achète dans l'endroit ; d'autres-pélerins en apportent de leur ménage. Ce pain bénit se donne aux cochons lorsqu'ils sont malades, et surtout quand ils sont attaqués du mal de St-Gerlach.

— Nous avons, chère femme, le même saint à Theux, à Amay et dans une quantité de villages.

— C'est bien possible, Monsieur; mais on dit que le meilleur saint Antoine est à Neufchâteau. Sainte Brigitte du village de Lixhe, frontière hollandaise, est plus exigeante : vous allez la prier ; mais si vous n'allez pas plusieurs fois à l'offrande, ni vos vaches ni vos chèvres ne guérissent ! Si vous n'arrivez pas aux heures des offrandes, déposez votre obole sur l'assiette placée près de

Ste-Brigitte ; car, d'après les habitants du rivage, sans quelques cadeaux, le pèlerinage ne vaut rien; il reste inefficace.

Je pris note de la recommandation et voulus m'en aller ; mais la vieille tricoteuse regardait son verre vide qu'elle avait tenu à ses lèvres un petit quart d'heure, pour en extraire la dernière gouttelette. Je compris le mouvement de sa vieille mâchoire. *Elle si ralèchîve ;* il fallut bien faire remplir les verres. — *Vos estez trop honnête.* — *Vos r'vinrez èco, èdon ? - Quél binamé homme ! si nos avîz toumé so on s'fait, nos autes ! — Aoi, pa les nosses buvet tot.* — *Vos ârez dè bonheur ès mariège, mi binamé : nos dirans nos pâter à St-Mâkrawe, savez ; vos estez so mi-âme trop honnête.* Ces belles paroles furent les bénédictions des bonnes et joyeuses commères.

— Moi, me dit l'une d'elles, je guéris les maux d'yeux, en les signant *(j'a n'très bonne sègneure)*; et en prononçant les paroles et les prières, je guéris également les brûlures. Je ne demande rien, on donne ce que l'on veut.

Puis, me voyant sourire, elle ajouta : *On fait çou qu'on pout po viquer, èdon, binamé.*

Mon remède contre le cancer : je fais prendre une écrevisse ; on lui lie les pinces pour qu'elle ne puisse s'en servir, ensuite vous l'appliquez sur le sein toute vivante. Si les écrevisses sont difficiles à trouver, je fais mettre une compresse d'oseille, *delle surale*. — C'est très-bon.

Aux enfants qui ont des vers, je fais manger des carottes crues.

Vous savez qu'un sachet contenant des cloportes, *despourçai d'câve*, ou des vers coupés, pendu sur la poitrine de l'enfant, ce sont deux bons remèdes.

Quand vous aurez les rhumatismes ou la goutte, Monsieur, dormez avec un chien; celui-ci prend le mal et en meurt. — *Po l'froyon, ji fais poirter on p'tit sèchai d'sé el poche. Et âx élique, j'y fait magnî del crâhe di chin.*

Ni riez nin, m'binamé, c'est totès bonnes recette.

J'appris encore qu'au hameau de Wihou, commune d'Argenteau, il y avait une fontaine miraculeuse dont l'eau guérit le mal d'yeux ; que les habitants de Glons, du Rivage, de Lixhe, etc., etc., vont en pélerinage à Notre-Dame, à Verviers, *à l'neure Mareie* ; qu'ils logent une nuit dehors, ce qui est très dangereux pour les jeunes filles et pour les maris ; que nos pélerins reviennent le lendemain à la foire de Wihou, pour s'y laver les yeux, etc. Enfin, je fus convaincu que le pélerinage est bon pour la vue, par le fait avéré que beaucoup de jeunes donzelles n'ont jamais vu aussi clair qu'après avoir accompli le retour de Verviers.

— *Elles vont mette ine chandelle â dial*, répliqua la vieille.

CHAPITRE III.

En rentrant à l'auberge où nous avions dîné, je retrouvai mes amis fatigués d'une excursion à la miraculeuse Notre-Dame de Lorette; ils s'empressèrent pourtant de me conter que la bonne Vierge était entourée de centaines d'ex-voto, cœurs en argent, etc. etc.; que la petite chapelle représentait une forêt de chandelles; enfin, que l'odeur de suif qu'on y respirait était fort désagréable.

Ils ne manquèrent pas de remettre sur le tapis la fameuse querelle qui suscita un émule à l'auteur de *la Cinéide*. D'un côté se sont les habitants qui veulent conserver la noire Madone (question de race?); de l'autre, voici le vicaire, qui prétend que la sainte Vierge doit être fraîche et vermeille. *Indè iræ*: procès et chicanes à droite et à gauche; puis la chanson wallonne du poëte Lamaye; puis...

— Si cependant les miracles tenaient à un pot de couleur, les habitants n'avaient-ils pas raison de protester? Mes compagnons s'amusaient si bien, qu'ils proposèrent de loger à Visé; pour me décider, ils promirent de m'aider dans mes recherches.

La nacelle fut accrochée à l'arrière d'un bateau qui remontait la Meuse, et le vieux batelier consentit à rester avec ses joyeux voyageurs. Entrèrent successivement les habitués de l'auberge-cabaret ; les verres de bière commencèrent à s'aligner sur une longue table placée dans le jardin, disons plutôt sur deux planches supportées par quatre pieux fichés en terre.

Après avoir causé une heure environ de politique et de culture, j'amenai insensiblement les buveurs sur une maladie qui faisait des ravages dans les étables à cochons des environs de Verviers.

— Les fermiers doivent venir à St-Antoine, à Neufchâteau, chercher le pain bénit.

—Ils n'ont pas besoin d'aller si loin, répondis-je; les gaufres bénites à la grand'messe du 17 janvier, à l'église de Pepinster ont aussi un très-grand mérite. La messe se célèbre en l'honneur de St-Antoine, en qui les cultivateurs et les éleveurs ont grande confiance. En dehors de l'Église, vous verrez, le 17 janvier, des quantités de petites boutiques chargées de gaufres (*des grossès waffe*), que les paysans achètent en nombre égal à celui des bêtes qu'ils possèdent.

—Savez-vous, Monsieur, le moyen magique pour faire revenir le lait aux vaches ? — Non.

— Eh bien, signez-vous, entrez à reculons dans l'écurie et prononcez ces mots : *Bon jour, ma vache*; ensuite mettez-vous à traire la bête. Le premier jour, le lait qui sort doit passer par la fenêtre, avec précaution; on le dépose sur le four, du côté de l'orient; puis on dit : *Sois bonne, ma vache*, et on la trait de nouveau. On revient une troisième fois à l'écurie en marchant obliquement, on pose la main gauche sur la corne droite en disant : *Merci, ma vache*. On peut traire ; après ces prescriptions, le lait sort en abondance.

Les bons Visétois me voyant prendre des notes, s'empressèrent de me signaler des remèdes et des croyances de tout genre.

— A Hees, au-delà de Maestricht, nous dit un petit vieillard, on invoque le père des trois saintes filles de Brusthem, pour les rhumatismes. On est obligé de mendier du grain dans neuf maisons différentes ; ce grain est jeté en forme d'offrande dans un grand coffre placé sous le portail de l'église de Hees.

Pour le même mal, à Stockroi, à une lieue de Hasselt, on invoque St.-Amand. Le malade doit se traîner sur les mains et sur les genoux, avec son rhumatisme, et passer dans un cercle en fer qui se trouve scellé dans l'église. Dernièrement, dit le vieux, dans une cérémonie (la neuvaine avait attiré beaucoup de monde), une quantité de pélerines durent renoncer à l'avantage de traverser le cerceau : elles étaient empêchées par leurs crinolines........

Le vieillard animé nous offrit une prise de tabac. Dans le Limbourg, ajouta-t-il, les trois villages de Brusthem, Ryckel et Zepperen, possèdent les trois sœurs, trois vierges : Bertilie, Eutropie et Geneviève. Pour la violente fièvre de Brusthem, on invoque Ste-Bertilie : on doit parcourir treize fois, en priant dévotement, un petit trajet de l'église à une source due à la sainte sœur. Les offrandes aux trois saintes se composent d'un écheveau de lin, d'un œuf et de trois liards d'épingles. L'image des trois vierges nous apprend que les chrétiens les invoquent pour les maladies des yeux, les maladies nerveuses et de la peau, les fièvres pernicieuses, les maladies de l'estomac, de la poitrine, du cœur, de la gorge, la jaunisse, l'épilepsie ou mal caduc, les hernies, les maladies des enfants et des animaux. Allez à l'église de Zepperen, vous pourrez admirer le beau tableau offert à Ste-Geneviève par une congrégation liégeoise. Les habitants de Liége étaient, en 1735, accablés d'ulcères ; le présent du tableau et les pélerinages firent tout disparaître.

Dans les mêmes villages, on bénit des langues de

renard ; vous en gardez un morceau en poche, si vous avez *la rose*.

— Oui, dit un des buveurs, dans la saison des roses, j'ai vu bénir les feuilles de rose en l'honneur de Ste-Rose ; à Tongres et dans les environs, on emploie ces mêmes feuilles comme thé, et comme cataplasmes pour l'extérieur dans la maladie de la peau nommée *la rose*, l'érysipèle.

Vous mêlez *delle sotte farenne* et des feuilles de rose séchées dans un linge fin et vous appliquez.

— Et moi, dit un autre, je saupoudre la peau malade avec la poussière d'amidon, puis je fais battre du feu sur la partie enflammée ; les étincelles de feu produisent un très-bon effet.

— *Dihâssiz ine âweie*, ajouta un troisième ; *toirchîz l'pai âtou d'vosse coirps comme on loyin, et leyîz-le ainsi tant qu'elle tomme*.

— A Tongres, Ste-Ursule, patronne des couturières et des demoiselles, est invoquée pour les enfants qui *mouillent* leur lit. Pour cet accident, je vous recommande de faire une neuvaine et de visiter l'Eglise St-Jean, en priant la bonne Ste-Ursule.

Un remède très-ancien (je le tiens de mon père), dit encore le vieillard, en souriant, c'est de conserver la bouche pleine d'eau froide et de s'asseoir sur un doux feu; quand l'eau de la bouche est prête à bouillir, vous êtes guéri du rhume, de la névralgie et de la migraine.

— Ha ! ha ! ha ! ha !

— Pour la jaunisse, intervint le vieux batelier, voulez-vous savoir un bon remède ? — Quoi ?

— Eh bien ! appliquez sur la poitrine du malade une tanche ou une carpe vivante et laissez-la, tant qu'elle tombe en putréfaction.

— Tiens ! moi, j'avais toujours ouï vanter une autre recette : prendre trois jours de suite un grand verre de vinaigre auquel on a mêlé un jaune d'œuf.

— Mais à propos, Monsieur l'étranger, vous qui écrivez nos recettes, ne connaissez-vous rien de particulier sur la chapelle de St-Charlemagne, à Herstal ?

— Peu de chose, Messieurs ; les saints ne sont pas honorés dans leur pays. La chapelle est abandonnée depuis longtemps, tandis qu'au cœur de la France, à Paris, St-Charlemagne est fêté par l'élite des collèges : les élèves qui ont mérité d'être une fois premier ou deux fois second de leur classe ont l'honneur de porter un toast à la mémoire de l'Empereur légendaire, qui, après dix siècles, préside encore à cette agape annuelle, autour de tables bien garnies.

Je pris de plus en plus un ton solennel.—Toutes

les nations, ajoutai-je, tous les cultes, toutes les races du globe ont là des représentants; sous la tunique du lycée, les blancs fraternisent avec les noirs de Saint-Domingue, les enfants du Nil avec les Chinois, le Malais avec l'Africain...

Et en élevant mon verre, je continuai :

— Trinquez donc, chers élèves, fêtez ce 28 janvier : vous fêtez la grande communion du savoir, qui vous fait frères en la science.

Ces bons Visétois me prirent pour un savant. J'entendais autour de moi : *Il est avoyî par li gouverniment, c'est in homme qui r'kwire les vîs affaire.*

Je venais de réciter quelques lignes que j'avais remarquées dans mon journal illustré.

— Nous disions tout-à-l'heure, reprit le vieillard, que les saints n'étaient pas honorés dans leur pays. Connaissez-vous la bienheureuse Marie Ock ?

— Nullement.

— Je m'en doutais, peu de personnes la connaissent. Eh bien ! Cette sainte femme, née à Liége en 1622, a été associée au couvent des religieuses Carmélites du faubourg St-Léonard ; mais c'est en Espagne que ses vertus ont eu le plus de retentissement ; c'est là qu'on vénère la bienheureuse liégeoise, Marie Ock. Seraient-ce les moines espagnols qui auraient supprimé la première lettre de son nom ? On l'ignore. On connaît en revanche plusieurs livres sur sa vie, en langue flamande et en langue espagnole, plus un volume de 338 pages, par le révérend père Albert de St-Germain (1862). Ce dernier ouvrage contient beaucoup de miracles, d'apparitions : que de diables, que de visions !

Paschal, le batelier, voulut reprendre la parole.
— Demain, lui dis-je à l'oreille ; laissez parler les autres. Puis mon regard interrogateur invita le petit vieillard à continuer.

— Connaissez-vous St-Hadelin ?

— Non, Monsieur, j'en sais fort peu de chose, presque rien.

— Ecoutez, dit le vieillard ; notre saint patron a opéré de vrais grands miracles.

1.

L'patron d'Visé est-on r'nommé grand saint ;
On preie todi l'hinamé saint-Hâlin
  Et l'on poite à s'pôtale.
I fât v'ni d'l'aiwe foû d'pire et foû d'terrain,
  I fat parler n'mouwale !
Il est dè sièke dè fameux roi Pepin.

2.

Ine feumme foirt riche, qu'on loumév' dame Guiza,
Divant d'mori à saint Hâlin tûsa
  Po li d'nner ses richesse.
Ses pauves parint li d'hît : ni fez nin ça.

Moite, elle leva les bresse,
Dovra ses ouye, qwand saint-Hâlin passa. (1)

3.

Si vos avez-t in èfant qui n'rotte nin,
C'est à Visé tot près di saint-Hâlin,
    Qu'on va fer des offrande.
Ni frottez mâie avou tote sôrt d'ôl'mint,
    Des hièbe ni des jus d'plante :
Po vosse mâ d'jambe, dinnez ine jambe d'àrgint.

Le petit vieillard avait probablement toute confiance en son bon et cher saint-Hadelin, car il ne riait plus. — Dans ma visite à Visé, lui dis-je, j'ai demandé à une bonne femme quelques détails sur la fête du saint ; voici sa réponse :

— *Bin paret, Monsieu, li 10 di septimbe, qwand c'est l'fiesse da St-Hâlin, on fait ine belle porcession et on pormône si coffe* (2) ; *adon on va bâhî ses èrlique. Et mi, et les feumm'reie qu'ont des èfan qui n'rottet nin vite, on va broûler n'chandelle à binamé St-Hâlin.*

— Vos détails me rappellent, Messieurs, que j'ai retrouvé à Heusy, près de Verviers, le même St-Hadelin. Les habitants le prient également pour

---

(1) V. *l'abrégé de la vie de St-Hadelin*. Liége 1788 in-8. Les gants de cette morte se voient encore à l'église de Visé.

(2) Grand reliquaire renfermant les ossements de St-Hadelin.

les enfants rachitiques, *les halés, les crouffieux*, etc. etc. Le vendredi-saint, *li jou dè bon vinrdi*, j'ai vu l'an dernier, sur toutes les routes, à trois ou quatre lieues à la ronde, des femmes portant leurs enfants à l'église de Heusy. Des pauvres mères traînaient, dans de petits charriots, cinq à six petits voyageurs, d'un an à six ans, transis de froid, perclus et chétifs.

— Les pauvres petits malheureux !

— Oui, Messieurs : quand les peuples seront plus instruits, on ne les exposera plus à ces dangereux voyages.

— Mais, reprit le petit vieillard, connaissez-vous Saint-Firmin, de Richelle, et Notre Dame de Lorette ?

— Oui, des tricoteuses viennent de m'en parler.

— Saint-Hadelin m'inspire plus de confiance. Ecoutez :

C'est à Richelle qui saint-Froumin vis r'fait
Dè r'freudih'mint d'on niér ou d'on mustai,
 D'ine doleur ès vosse cuisse,
Enfin, dès mâ les pus trisses, les pus laids,
 Les crampe, les rhaumatisse ;
Il les boge tot comme on boge on mantai.

C'est à Lorette àddiseur di Visé ;
Les louminaire vinet s'y ramasser,

> Po tote plàie et tote pône.
> Bin des conscience tot bas vont s'y k'fesser,
> Puis f'ront quéquès amône :
> C'est po s'pani leus frawe dè timps passé.

— Ha ! ha ! ha ! ha ! — Les habitués imitèrent le vieillard.

> Po les bâbâ qu'on lomme les trisses mèhin,
> Les plàie cacheies qui les feumme ont à d'vin,
> On k'nohe li sainte qu'a l'pice.
> Qui les r'wèrihe sins cràhe ni sins ôl'mint ?
> C'est l'fameuse Sainte Matrice :
> Allez à Mons, dinnez et-s' priiz bin.

Ha ! ha ! ha ! ha ! Vos tricoteuses ne savent pas cette belle chanson. Vous ont-elles parlé de Sainte Barbe à Maestricht ?

— Non vraiment, Monsieur ; je compte sur votre obligeance.

— A Notre-Dame, à Maestricht, il y a un puits dans le chœur de l'église ; on bénit les eaux de ce puits en y faisant descendre la mâchoire de Sainte Barbe ; buvez alors, et vous serez guéri. Les livres et les vieilles gens racontent qu'en 1633, une femme qui buvait de cette eau, fut délivrée de la peste ([1]).

([1]) *La vie de Sainte Barbe.* Liége, Rongier, sans date, in-18.

On raconte, dit le petit vieillard, que Sainte Barbe était vierge et martyre; qu'elle fut dépouillée toute nue et fouettée avec des nerfs de bœuf, et qu'on la fit promener dans les rues de la ville en ce honteux équipage. Dans un excès de rage, le père de Barbe lui fit couper les mamelles de si près qu'on voyait les palpitations de son pauvre cœur. Il y a une belle chanson là-dessus ; écoutez :

> Pac' qui Sainte-Bâre ni volév nou galant
> On l'dimoussa, on l'batta drî et d'vant.
> On li côpa ses tette !
> Adon c'est s'pére qui d'on côp d'lâge tèîant
> Li fat veie meye blawette ;
> Li verzelin côpa l'tiesse à si èfant.

Dans notre pays, dis-je au vieillard, Ste-Barbe est invoquée contre les dangers de l'artillerie et du tonnerre. Sa fête est célébrée le 4 décembre par les canonniers.

Au milieu du Pont des Arches, à Liége, dit Bouille, il y avait une chapelle en l'honneur de Ste-Barbe, pour la consolation des bateliers en péril de faire naufrage; ceci remonte à 1446. En l'année 1643, quand les eaux renversèrent ce même pont, la chapelle de Ste-Barbe était à l'opposite de la salle des arbalestriers, mais toujours au milieu du pont (Loyens), qui formait une rue de deux rangées de maisons.

Parlons maintenant de la fontaine de St-Gerlach. Elle est couverte et entourée de pierres de sable et pourvue de deux seaux attachés à une chaîne, pour puiser l'eau. Un nombre considérable de pélerins ont l'habitude de se rendre à cette fontaine pour en boire l'eau, dont on emporte des provisions comme préservatif dans les épizooties. Les fêtes du 5 janvier et du 1er juin attirent un grand nombre de pélerins, surtout lorsque la maladie règne sur les bestiaux. Ce saint et le monastère ne font plus partie du diocèse de Liége ; on les a rattachés à celui de Ruremonde. Écoutez bien :

> C'esteut on nôbe et franc màva sujet
> Qui St-Gerlac ; puis il fout brave après.
> Estant môirt, si fontaine
> Riwéribéve ayou l'aiwe di s'clér jet,
> Les biesse à coine, à laine.
> S'il est malàde, on n'nè fait beure à chet (1).

— A la campagne, il y a plus d'images de saints implorées pour les bêtes que pour les gens !
— Oui, Monsieur, les bêtes sont plus considérées. Pour les bêtes rongeuses, par exemple, c'est

(1) Voir page 87.

autre chose. Voulez-vous être préservés des rats et des souris? invoquez la fille du bienheureux Pepin de Landen et de la bienheureuse Itte, sainte Gertrude enfin, en wallon *Gètrou*. Les meuniers et les fileuses ne travaillent pas le jour de la fête de sainte Gertrude. Les présents qu'on lui porte sont en nature.

> A sainte Gètrou, vos veyez t'accori,
> Les gins qu'ont sogne d'ess' magnî des sori.
> On-z appoite à pougneie,
> Po qui l'bonne sainte les fasse so l'côp mori ;
> Li grain s'donne à sècheie
> Comme ine ridvance qui l'notaire åreut s'crit.

Savez-vous Monsieur, qu'à la frontière et dans beaucoup de villages hollandais, une oraison à sainte Cornélie est souveraine contre le mal caduc! La personne malade passe par trois fermes où elle demande le poids de son corps en grain. Ce grain est remis au curé en forme d'offrande.

— En Bretagne, répondis-je, sainte Cornélie est implorée pour les chevaux comme saint Eloi.

Si vous cherchez des remèdes par la prière, voici un petit livre qui roule dans les villages. Il a pour titre : *Le médecin des pauvres*. Ouvrons-le au hasard :

Prière pour arrêter le mal de dents :

Apolline, que fais-tu là? Je suis ici pour mon chef, pour mon sang et pour mon mal de dents. Apolline, retourne-toi ; si c'est une goutte de sang, elle tombera ; et si c'est un ver, il mourra. Dites cinq pater cinq ave à l'intention des 5 plaies de N. S. Jésus, et faites le signe de la croix sur la joue avec le doigt en face du mal que l'on ressent, disant : Dieu t'a guéri, et vous êtes guéri.

— Ces choses-là sont imprimées !
— Oui, Monsieur, et de nos jours, écoutez :

Pour arrêter le sang, dites : Dieu est né la nuit de Noël, à minuit ! Dieu a commandé que le sang s'arrête, que la plaie se ferme et que ça n'entre ni en matière, ni en senteur, ni en chair pourrie, comme ont fait les cinq plaies de N. S. J. C. *Natus est Christus, Mortuus est, et resurrexit Christus.* On répète trois fois ces mots latins, et à chaque fois on souffle en forme de croix sur la plaie, prononçant le nom de la personne en disant : Dieu t'a guéri, ainsi soit-il !

— On fait encore ces choses-là ?
— Oui dà, Monsieur, il y a des guérisseurs ; ensuite les livres sont là pour apprendre les remèdes. (¹)

(¹) *Le médecin des pauvres. Recueil de recettes.*

— On pratique encore ces superstitions aux portes de Liége, me dit tout bas à l'oreille le batelier; à Angleur, ces choses-là se font tous les jours.
— Je n'en reviens pas !
— Ecoute, reprit le petit vieillard.

Prière pour la teigne.

Paul, qui est assis sur la pierre de marbre, Notre-Seigneur passant par là, lui dit : « Paul que fais-tu là ? — Je suis ici pour le mal de mon chef. — Paul, lève-toi, et va trouver Ste-Anne ; qu'elle te donne telle huile quelconque ; tu t'en graisseras légèrement, à jeûn, une fois le jour et pendant un an et un jour ; celui qui le fera n'aura jamais ni rogne, ni gale, ni teigne; ni rage. » Il faut répéter cette oraison pendant un an et un jour, sans y manquer, tous les matins à jeûn, et au bout de ce temps, vous serez radicalement guéri et exempt de tous ces maux pour la vie.

Pour le mal d'yeux.

Bienheureux saint Jean, passant par ici, trois vierges dans son chemin, il leur dit : « Que faites-vous ici? — Nous guérissons de la maille. — Guérissez, Vierge, guérissez l'œil ou les yeux de N. Faisant le signe de la croix et soufflant dans l'œil, on dit : Maille, feu, grief, ou que ce soit, ongle, graine ou araignée, Dieu te commande de n'avoir plus de puissance sur cet œil que les Juifs le jour de Pâques sur le corps de N.-S. Jésus-Christ ; puis on fait encore un signe de croix en soufflant dans les yeux de la personne, disant : Dieu t'a guéri, sans oublier la neuvaine à l'intention de la bienheureuse sainte Claire.

Les entrées des nouveaux buveurs arrêtent le petit vieillard ; mais après un moment de repos, je me remets en chasse.

CHAPITRE IV.

— Dans nos environs, reprit le brave homme, les jeunes gens qui doivent tirer au sort, vont au cimetière du village chercher des ossements ramassés à minuit ; ensuite, accompagnés de leur famille, ils font une neuvaine qui finit le jour du tirage. On fait dire des messes selon ses petits moyens et l'on apporte une offrande, chacun d'après sa générosité. Si l'on peut trouver un morceau de nid d'hirondelle, un liard troué, une médaille bénite et un petit bout de corde de pendu, on pressera tous ces objets précieux dans la main gauche et la main droite tirera un bon numéro qui vous laissera tranquille dans vos foyers; vous ne serez pas soldat !

Dans d'autres villages, des malins vendent un onguent formé de sang de hibou, de taupe et de graisse de crapaud ; on doit s'en frotter les mains et presser une médaille, un scapulaire ou une relique. Plus vous donnez d'argent à ces demisorciers, plus la chance est bonne. — Puis le petit vieux ferma un œil malicieux pour accompagner son rire final : ha ! ha ! ha ! ha!

Dernièrement, nous avions de ces marchands de bonheur qui parcouraient nos villages. Leurs talismans se composaient de peaux desséchées ; la peau que certains enfants portent sur la tête en naissant, ceux qui, comme on dit, sont nés coiffés.

— Mais, appelez les choses par leur nom ! *C'est l'hamelette.*

— Cette peau est baptisée avec l'enfant ; elle porte bonheur.

— Oui, reprit-il, pour pouvoir jeter la baguette, il faut avoir *li hamelette ou esse vinou à monde on dimègne.*

En ce moment, un grand vieux arriva. Tous les habitués du cabaret le saluèrent du beau nom d'Empereur.

— Qu'est-ce à dire ? — C'est le premier tireur de la Société des Arquebusiers de Visé ; c'est celui qui a fait *le beau coup !* Il est de la compagnie de St-Martin, des *bleus* enfin.

— Ah ! — Oui, il est tout couvert d'argent le jour de la fête ; il porte un claque ; il faut le voir ce jour-là.

— Ah !

— Faites parler notre Empereur ; en voilà un qui sait des remèdes, plus qu'un médecin.

Je saluai l'Empereur et lui dis que j'étais envoyé par le gouvernement pour recueillir les anciens remèdes familiers revenus à la mode depuis les insuccès des nouveaux médecins.

— Je sais peu de chose, me dit-il modestement. Nous appliquons des cataplasmes de farine de marrons sauvages pour les douleurs de rhumatisme. Pour les maux d'yeux, nous faisons laver la partie malade avec l'eau de thé, ou nous y appliquons les feuilles de thé qui ont servi. On place aussi du mouron couronné derrière l'oreille des enfants. On applique derrière l'oreille du savon noir pour les yeux pochés. Prenez la moitié d'un œuf dur ; après avoir enlevé le jaune, placez la cavité vers l'œil, et le noir disparaît sur une nuit : excellent moyen. Ces remèdes se trouvent toujours dans nos cabarets, et pour cause. — Il y a aussi des personnes qui touchent les yeux. Elles disent : *Dragon !* que viens-tu faire dans l'œil de cette femme ou de cet homme ? — On touche quelquefois l'œil avec un trident : *si fer sègnî avou ine focheroule.*

Pour la pleurésie, ajouta mon homme, en conservant son petit ton doctoral, vous ferez un trou dans une pomme jusqu'au milieu ; vous pousserez un morceau d'encens, gros comme une noisette, dans le dit trou; vous ferez cuire cette pomme et vous la ferez manger à votre malade. C'est très-mauvais : mais le remède est infaillible.

Pour le cauchemar, nous faisons comme en Hesbaye, nous tenons sur la poitrine un couteau bien effilé la pointe en l'air, pour que les sorciers et les mauvais esprits viennent s'y perforer.

Connaissez-vous, Monsieur, les douleurs qu'éprouvent les hommes après avoir bu différentes sortes de bières ? — Non. — Eh bien ! vous guérirez vos amis en leur faisant faire un nœud dans le pan gauche de leur chemise. — Je note; merci, Monsieur.

— Avez-vous un pied endormi? faites une croix sur votre soulier avec la main ; l'engourdissement passe à l'instant. Et quand une personne de la société a le hoquet, nous nous trouvons très-bien de l'effrayer en lui annonçant un grand malheur : par exemple, que son frère vient de mourir, ou que sa femme, sa mère, sa fille ou son fils, l'un d'eux, n'importe, vient de tomber à l'eau ! l'émotion fait passer le hoquet à l'instant. Nous nous trouvons encore très-bien de saisir la personne en lui appliquant soit une clef, soit un coup de poing dans le dos.

— Comment ! — Oui, Monsieur, ou bien nous

lui versons une pinte d'eau fraîche dans le cou ; ou bien encore nous lui annonçons l'incendie de sa maison. Il faut appliquer des remèdes violents pour le hoquet.

— Je ne sais, lui dis-je, si mon gouvernement voudra les vulgariser ; en tout cas, je vais noter.

— Puis, toujours sérieusement, l'Empereur reprit : Je vais vous indiquer la bonne méthode de souffler les *rénettes* (¹) aux petits enfants. Le remède est excellent ; il nous vient de Liége, et mon épouse l'emploie avec grand succès. On allume un cierge bénit que l'on place devant la bouche entr'ouverte de l'enfant ; alors on souffle trois fois le cierge trois fois rallumé, en disant : la première fois, *au nom du Père* ; la seconde fois, *au nom du Fils* ; la troisième fois, *au nom du Saint-Esprit*.

On fait la même chose pendant trois jours consécutifs ; pendant ces trois jours, une personne de la famille ou attachée à la maison doit assister à la messe. Tout doit se faire avec foi et confiance.

— Vous n'avez pas de loge maçonnique à Visé ?

— Merci ; nous avons assez de maladies pour nous emporter, sans courir une chance de plus.

— Comment cela ? je ne comprends pas.

— Eh bien ! Monsieur, nous savons par les

(¹) Le muguet.

habitants de Liége et des grandes villes que chaque année il doit mourir un maçon dans chaque loge ! Et s'il n'y a pas un mort, il faut qu'un d'eux se tue! C'est le sort qui décide. Voilà pourquoi vous avez des suicides. C'est du reste une chose très-connue.

— Je dois donc la noter dans les croyances du peuple ? — Bien certainement.

En ce moment, on entendit dans la pièce voisine réciter le chapelet, répété par plusieurs voix; dix heures sonnaient à la vieille tour de l'Église. L'Empereur et les autres buveurs vidèrent un petit verre de genièvre, puis on se souhaita la bonne nuit.

Un des habitués, étant dans la rue, chanta les couplets suivants :

> Avou l's onguent plein des pailette,
> Les veyès feummne vinît v'médî ;
> Elle vis soff'lit po les rénette
> Del chandelle beneie d'à mârli.
>
> Hapîz-ve on freud à gruzai d'Mâss,
> Vite âx p'tits r'méde faléve tuzer ;
> Li gingipe sèmé so n'èplâsse
> So li stoumac divéve passer.
>
> Puis nos avîz l'couque po les viére ;
> On v'féve purgî tos les prétimps ;
> On v'féve beure des affaire d'amére
> Qu'on div'néve comme les vert-zèlin.

CHAPITRE V.

Le lendemain, vers six heures du matin, j'allai me promener sur les bords de la Meuse, partout si beaux et si variés. Je fus agréablement surpris en y rencontrant un de nos buveurs de la veille, qui pêchait à la ligne.

— Bonjour, Monsieur, me dit-il; hier, je n'ai pas eu mon tour : cependant je sais, moi aussi, des remèdes.

— Il n'est pas trop tard ; j'espère que vous me conterez tout cela. — A la vue de mon carnet aux notes, un sourire de satisfaction se répandit sur son visage.

— Ecoutez ! Chez nous, nous gardons de la cervelle de lièvre pour frotter les gencives des enfants qui font difficilement leurs dents ; ont-ils des frayeurs et des rêves agités, nous leur donnons à manger de ce ragoût.

Nous nous servons de la cendre du poil de lièvre

mêlée avec du vin blanc pour guérir l'hydropisie, la gravelle et la jaunisse.

— Très-bien, je note.

— Pour les plaies, les inflammations et les morsures, nous appliquons un cataplasme fait avec ce que les vaches déposent dans les prés.

— C'est pour rire ?

— Non, Monsieur ; et pour le pied foulé, les entorses, etc., on introduit le pied nu dans les intestins d'une vache qui vient d'être assommée.

Pour la teigne, on applique de la suie mêlée à du bon vinaigre.

Les limaçons tirés de leur coquille et placés sur le ventre des hydropiques, voilà un remède merveilleux. Du nid d'hirondelles mélangé avec du miel, c'est souverain pour le mal de gorge. Ma demeure est à deux pas d'ici : voulez-vous, Monsieur, vous donner la peine d'entrer ? Ma vieille mère, qui est de la campagne, près de Liége, vous racontera la plus mauvaise époque de sa vie.

Nous pénétrâmes dans une pièce pavée en dalles de toutes grandeurs et de toutes formes. Les murs étaient garnis d'une curieuse collection d'images coloriées : St-Lambert, St-Roch, St-Hubert figuraient à côté du prince Poniatwoski ; je ne parlerai pas d'autres gravures un peu trop mondaines. Sur le haut de la cheminée, l'image de la Vierge de la

Sarte était flanquée du portrait de Napoléon Ier et de celui d'un pigeon, qui avait remporté le prix ; plus haut s'étalait un vieux diplôme tout jaune, rappelant qu'un trisaïeul, J. Laurent Delcommune, avait tiré le *beau coup* et qu'il avait été général des arbalétriers pendant vingt-deux ans. Entre les deux petites fenêtres, Saint-Antoine était très-tenté par deux portraits de femmes fort décolletées ; enfin après avoir constaté la présence de l'enfant prodigue et l'image d'un assassinat, je me mis en devoir d'écouter une vieille femme très-proprette, qui s'exprima à peu près en ces termes:

— L'année que je perdis mon mari, le plus brave des hommes, Monsieur, que le bon Dieu lui fasse paix ! eh bien ! cette année-là, au mois de mars, j'avais bêché le parc au persil : je devais perdre un des miens ! Voici, me dit-elle, d'un air épouvanté, les autres circonstances : je voyais souvent un corbeau dans mon *cortil* (jardin), et pour comble de malheur, le lundi matin, en sortant pour me rendre à la messe, presque toujours une femme, et une vieille encore, était la première personne que je rencontrais. Une quatrième fois, le lundi, en partant, je vois une *houpralle* perchée sur ma haie ; un peu plus loin, je tombe encore sur une femme, moi qui cherchais un homme des yeux. La même semaine, j'appris un malheur arrivé chez mon frère ; le lendemain, car un malheur *ni vint nin sins 'n'aute*, on vint me dire que mon fils aîné avait été pris à la maraude ! Malgré mes instructions, il était allé marauder dans une *waide* (un pré) *wiss qui les aguesse chantît* ; or vous savez, si les pies chantent les voleurs sont toujours pris.

Je lui avais dit, mais il n'écoutait déjà plus sa mère : qu'il devait toucher de la monnaie d'argent quand le coucou chantait et qu'alors on faisait fortune.

Il ne croyait plus à rien, pour trois ans qu'il avait été à l'école. Je ne suis pas bête, moi, Monsieur, comme vous pouvez juger ; mais si je rencontre une femme, une *houpralle* ou *des arègne* le lundi matin, je dois m'attendre aux plus grands fléaux. Les hommes n'ont rien de méchant, au contraire.

— Les femmes pas davantage, bonne dame.

— Comment, seriez-vous un homme qui ne croit plus ? *On libe pinseu, in ouhai po l'diale.*

— Je crois, lui dis-je ; mais pas à vos croyances ni à vos superstitions.

— Cependant, Monsieur le savant, que direz-vous de tout ceci ? Le jour où mon fils a renversé le sel en jouant avec les couteaux qui se sont reposés en croix, son frère faisait tourner les chaises, notre chien hurlait et nous étions au treizième jour du mois, un vendredi ! Mon mari, en rentrant d'un petit voyage, où il avait eu l'occasion de boire quelques petits verres, s'aperçut que le chat noir (oh ! les chats noirs !) de la voisine était sur la cage de son chardonneret ; il tua le vilain chat et donna une raclée à la méchante voisine. Après cette petite querelle, il fut condamné à un jour de prison, et trois mois plus tard, mon pauvre brave homme mourait de honte et de chagrin.

Nous ne pouvions gagner notre procès contre la voisine : figurez-vous, Monsieur, que son toit est garni de trois nids d'hirondelles ; qu'elle a dans *ses tahe* (ses poches) les trèfles à quatre et cinq feuilles, un liard de St-Lambert troué ; enfin, sa mère avait eu des relations, *comprindez*, *elle aveut aou à fer avou on macrai* qui jetait des sorts !

La justice se fourvoie contre de telles gens : il n'y a rien à faire.

Ce qui me faisait présager de nouveaux malheurs, c'est qu'à la procession du village, dans un moment d'arrêt, la statue de la Vierge s'était arrêtée devant ma porte !

— Ce hasard devrait porter bonheur ?

— Non, non, Monsieur : mon père de son vivant, que le bon Dieu ait son âme, me disait qu'on en mourait. Toutes les circonstances et les indices de peine et de malheur étaient amoncelés sur ma pauvre maison, qui ne doit rien, *savez* ! Je n'avais plus la force ni le courage de prier la bienheureuse sainte mère du bon Dieu ; les noirs esprits étaient contre notre ménage : aussi je renvoyai le médecin à la seconde visite. Que pouvait-il faire auprès de mon pauvre homme ? J'étais convaincue que ni Dieu ni les médecins ne pouvaient rien changer contre le mauvais sort qui nous était jeté ni contre la fameuse et terrible *signeure* de la méchante voisine.

Après la mort de mon mari, on me conseilla, pour me tranquilliser, d'aller à St-Gilles, près de Liége, et de faire lire l'évangile de Saint Jean sur ma pauvre tête, pour mes mauvais rêves; mais ni ma neuvaine, ni mes offrandes n'ont pu me guérir.

Voici ce qu'une tireuse de cartes me fit faire : j'allai dans une chambre obscure et là je dis : *ji t'acconjeure, par nosse Diu tot puissant ! de m'dire sou qu'ti voux ?* Puis j'ai jeté *on blánc noret* sur le plancher ; il fut marqué d'une main rosette fort difficile à voir, je ne sais si je l'ai vue. Cette marque voulait dire : l'âme de ton homme est en purgatoire, tu dois faire dire des messes. Je vendis ma vache, je fis dire des messes, puis Dieu et le temps calmèrent ma pauvre tête. Ah ! Monsieur, *li vicâreie* a bien des jours et des années *mâlâheies*.

— Maintenant, chère dame, dans mon pays, on vend sa vache pour faire soigner son mari, quand il est malade ; on n'attache aucune importance aux méchantes voisines pas plus qu'aux terribles *signeure* et l'on se moque des esprits noirs. Mais on demande l'appui de Dieu et des médecins.

Je cherchai à remettre de l'ordre dans les idées de cette bonne femme ; je m'évertuai à lui dire que le chant du coucou n'amenait pas plus de bonheur que les clous qu'on trouve dans les noix et que l'on introduit dans sa bottine pour trouver de l'argent. Peine inutile ! Je me rendis près de mes amis.

CHAPITRE VI.

Sur les neuf heures du matin, il fut décidé qu'on retournerait à pied et qu'on ferait remonter la nacelle de Paschal en l'attachant à quelque gros bateau.

J'engageai le vieux batelier à nous accompagner. Chemin faisant, il me raconta comment sa sœur, l'ancienne religieuse, devenue tireuse de cartes, savait ajouter du mystère à son art. Elle demeurait Hors-Château, me dit-il, dans une chambre où ne régnait qu'un demi-jour. Sous le lit se trouvait un gros lapin noir qui avait les deux oreilles coupées ras. (¹) Au moment où la pratique attendait la description de son avenir, ma sœur laissait tomber un bout de carotte ou une feuille de salade : le lapin affamé sortait de sa tanière et rentrait aussitôt sous le grabat ; cette courte appa-

---

(¹) Historique.

rition de l'animal méconnaissable causait certaine frayeur et la bête inconnue passait pour un méchant esprit, *on macrai r'creïou*, qui venait, disait-on, inspirer à ma sœur ses prophéties.

— Votre sœur trompait le peuple ; cela n'est pas bien.

— C'est vrai, Monsieur, mais il fallait vivre : il y aura de tout temps des malins et des imbéciles, et les uns vivront au détriment des autres. Dans son état ma sœur était honnête ; elle ne brouillait pas les ménages comme tant d'autres. Elle voyait tout en beau ; elle avait beaucoup *à faire*. Sa magie blanche, c'est ainsi qu'elle l'appelait, lui rapportait beaucoup. Ma sœur guérissait aussi les plaies d'amour ; elle raccommodait les ménages désunis, et pour cette cause importante, elle a bien été regrettée à sa mort.

Il y a des tours bien plus forts aujourd'hui. Vous portez à la femme*** demeurant rue*** les marcs qui ont servi à faire le café pour une société de plusieurs personnes : eh bien ! cette femme vous fera le portrait de vos invités et dira quelque chose sur chacun d'eux, du moment qu'ils auront goûté de ce café. Sa magie noire lui fait dire trop souvent des méchancetés et des histoires désobligeantes. Par exemple, fait-elle le portrait d'une dame des plus honorables, elle ajoutera : cette dame est jolie et sage, un peu gourmande, mais bonne ménagère ; si son bon mari n'en porte pas, c'est qu'elle n'en a pas l'occasion. Est-il possible de parler de la sorte ? D'un jeune homme de bonne conduite, elle dit : *C'est on bâbau, il a sogne des bâcelle; il voreut bin, mais il n'woise.* Puis, d'une belle et charmante jeune fille courtisée, elle ose dire : elle ne l'aura que quand le mariage sera obligatoire : *il fâret s'dispaichî po esse fêne di coirps ès l'rôbe di nôce.* Voilà, Monsieur, le venin de ce serpent bien connu à Liége.

— Un soir, dis-je à mon batelier, je suis allé, conduit par ma bonne, chez une petite vieille femme toute contrefaite et fort laide, près du Pont de St-Nicolas.

— Oui, *amon l'feumme Mencheur, tapeuse di qwârjeux, ès trô Boret, jus d'la Moûse.*

— Justement. Ma bonne consultait cette femme sur sa santé; elle voulait aussi trouver un moyen pour faire souffrir son amoureux, parti avec une autre fille. Une Vierge grande comme ma canne se trouvait sur une commode; elle était entourée de chandelles allumées. On priait, puis la vieille, entourée d'un chat, d'un corbeau, d'une pie et d'une poule, marmottait des mots que je ne pouvais comprendre. Elle enfonçait des épingles dans une grande chandelle bénite pour procurer des douleurs à l'infidèle: par ce procédé, ma bonne croyait que son galant et sa nouvelle maitresse étaient torturés.

— Il seront *tot k'picîs et kitrawés di meye ponte.*

— Oui, ma bonne croyait cela, et elle payait fort cher.

— Connaissez-vous, Monsieur, la femme X., de Ste-Marguerite ? elle fait aussi beaucoup d'affaires. Vous buvez le café avec cette femme, que vous payez un bon prix ; c'est dans les marcs de votre tasse qu'elle voit que vous êtes trompé par votre femme ; celle que vous aimez se conduit mal, vous serez volé, vous aurez beaucoup d'enfants, mais une grande fortune vous fera oublier vos chagrins domestiques. Que de bêtises et d'absurdités ont fait croire à ce bon peuple !

— Avez-vous connu *li feumme Lemoine d'ès Roteure ?* elle ne savait point lire, et cependant, elle consultait *le petit Albert.* La femme Lemoine, rue Roture, jouissait dans le temps d'une grande réputation ; elle tenait à être vue aux églises ; les vendredis, elle faisait le pélerinage à Chèvremont; les retardataires la trouvaient à minuit en prière devant un Christ, *li grand Crussfi so l'plèce des Weine.* Il est bien entendu que les neuvaines à minuit au Christ de la place des Weines, où à la *potale di Notru-Dame,* place Wérixhe!, rue grande Bêche, se payaient beaucoup mieux que les simples neuvaines dites dans sa chambre, au coin d'un bon feu et à côté *d'ine copette di pequet*. La surpreniez-vous, elle répondait en levant les yeux vers sa madone : c'est de l'eau bénite ; puis elle trempait son doigt dans la tasse et faisait le signe de la croix, sans oublier d'embrasser ce même et savoureux doigt. Quelques tasses de cette eau bénite la rendaient plus verbeuse : — Payez bien ! votre enfant guérira. Après la neuvaine, vous saurez où votre mari court le soir ; vous saurez le nom de la femme qui sait vous faire oublier ; voussaurez même si leurs relations sont criminelles !

Ecoutez : voici un équipage ! les fourrures et le voile épais nous empêchent de reconnaître la grande dame ; celle-ci veut savoir si son amant lui reste toujours fidèle. Après la grande dame, deux ouvriers viennent consulter notre dévote magicienne ; deux malins, qui ne croient à rien de ce que la vieille sorcière dira. On rit beaucoup de ce que les cartes ont révélé : que l'époux de l'un d'eux avait un parent fort bien reçu; que le cousin aimait et était aimé ; que bientôt cette femme accoucherait d'un enfant *crollé* comme son parent, etc. etc. Nos deux ouvriers paient et rient de tout cœur : elle était bien gaie, la *macralle*, ha ! ha ! ha !

Le lendemain, les journaux annonçaient l'arrestation d'un ouvrier qui avait donné des coups de couteau à sa femme dans un accès de jalousie. On espérait sauver la malheureuse, enceinte de huit mois.

— Pauvre peuple ! dis-je à Paschal : c'est vieux, cette affaire ?

— Avant-hier.

— Cela me rappelle cet individu demeurant rue St-Pholien, qui prétendait guérir toute espèce d'affections. Celui-là cherchait à fanatiser ses clients en donnant l'exemple d'une dévotion plus qu'exagérée. Sa chambre était garnie d'images de saints et de saintes, de statues vénérées de toutes les sortes ; les chandelles brûlaient jour et nuit, disait-il. Il priait beaucoup et faisait des neuvaines pour les malades ; quand il avait trop à faire, sa prétendue femme remplissait une part de la besogne. Après la journée passée dans toutes sortes de pratiques *pieuses*, ces individus de la pire espèce s'amusaient à boire, faisaient bombance avec l'argent de leurs pauvres clients et se moquaient des croyants, voire des saints dont la chambre était garnie. Heureusement ces gens de mauvaise vie ont été condamnés comme escrocs.

— C'est à Herstal, Monsieur, qu'il y a des *Godaresse*. — Connais-pas.

— Les *Godaresse* vendent des remèdes pour les

maux réputés incurables. Ces remèdes se composent d'herbages, ou bien ils sont faits avec de la graisse ou le sang d'un supplicié.

La concubine de Pickel le guillotiné avait, en son temps, été l'aide du bourreau de Bade ; elle passait pour une excellente *Godaresse*. La graisse de *Bourria* (de bourreau) du sieur Hamel, l'exécuteur des hautes œuvres, se vendait fort cher et rapportait beaucoup d'argent.

On connaît à Herstal trois ou quatre bonnes *Godaresse* ; on dit qu'elles ont encore de la graisse des six chauffeurs exécutés à Liége le 29 décembre 1797, sur la Place aux Chevaux.

— Cette graisse doit être rancie, Paschal.
— Oui, mais on la vend tout de même.

Herstal possède aussi les magiciennes aux cordons, *à l'cowette* enfin. Vous tenez le cordon par un côté, la femme tient l'autre bout. Après les signes de croix, les paroles, les prières et le mesurage, si son pouce dépasse le nœud que vous tenez, vous ne réussirez pas dans votre demande ; si la mesure est juste, vous gagnerez à la loterie et vous aurez tous les bonheurs de la terre. Payez bien là-dessus.

Dans ce genre de commerce, ce qui est le plus répandu maintenant dans le peuple de Herstal, de la Préalle, etc., c'est la *signeure* (*sègnege*). Craignez les gens qui ont une bonne signure, ne les attaquez jamais ! si vous êtes battu ou volé par une des personnes qui pourraient vous signer, garder le silence est ce qu'il y a de mieux à faire.

Mais pour de l'argent, elles vous aideront : elles signeront vos plaies, elles vous feront trouver des trésors enfouis *mi qui l'gatte d'aur*, et vous ferez enrager tous vos voisins tant qu'il vous plaira, ce qui est chose précieuse, surtout dans les villages et dans les petits endroits.

Les *signeu* marmottent des mots cabalistiques ; ils font des signes de croix sur eux et sur leurs pratiques ; leurs gestes sont entremêlés de prières et de simagrées de tous les genres. Demandez leur secret, ils vous répondront : nous tenons les mystères de nos aïeux, nous ne pouvons les transmettre qu'à nos descendants.

J'ai vu exorciser, moi, Monsieur, de mon jeune temps, ajouta Paschal.

Les prêtres faisaient une cérémonie pour chasser le démon du corps, n'est-ce pas ?

— L'Église exorcisait les lieux et les personnes obsédés par les démons ; par des oraisons et des prières, par des conjurations au nom de Dieu, on faisait sortir le démon des corps, on faisait partir les maladies, on purifiait les créatures immondes.

— Oui, Monsieur; mais les simples laïcs avaient

un autre moyen d'exorciser : le voici. Sur l'âtre d'un petit feu allumé dans une chambre sombre, on plaçait deux os de mort en croix ; on les couvrait de mousse. Il fallait, pour réussir, que la mousse eût été cueillie entre onze heures et minuit, en pleine lune, à l'ombre d'un frêne, près d'un ruisseau et pendant que le coucou répétait trois fois son chant. Puis l'exorciste se couchait deux fois en long et deux fois en large, de façon à faire deux croix avec son corps ; ensuite, il touchait les bouts des deux croix avec les mains et les pieds.

Ceci fait, il prenait un petit pot magique contenant du marc de café sec, moulu avec les pieds sur la peau d'un *fiscal* ([1]) âgé de neuf mois. Ne pas oublier que le moulin doit être entouré d'un ruban trempé dans le sang d'une chauve-souris ; ce ruban sera trempé trois fois dans l'eau puisée à la source, au cri du hibou, et bouillie sur des os de mort ; et il sera pendu trois fois à la fenêtre au levant de la nouvelle lune. L'eau cuite sur les os des morts sera versée dans le petit pot, sur le marc de café ; alors vous direz : *Aqua bora venias caragos*; vous approcherez de la cheminée, et d'un coup de baguette la flamme s'élèvera et restera d'un bleu d'azur. Vous mêlerez le petit pot avec

---

([1]) Sorte de pie grièche.

une cuiller noire en disant : *Fiscatur et patricam explanabit trenare.* Versez les marcs recuits sur une assiette blanche, et prononcez encore une quantité de mots comme ceux-ci : *Hac verticalina pax fantas marabum, max destinatus veida paral,* etc. Toute la cérémonie terminée, les exorciseurs peuvent, disent-ils, vous faire sortir du corps tout ce qui vous tourmente. — Voilà, Monsieur, ce que l'on croyait de mon temps. Le diable sortait encore assez facilement ; mais le mauvais démon, par méchanceté, y laissait ses cornes, ce qui est souvent très-lourd à porter.

— Vous plaisantez. Les exorciseurs sont si rares, Monsieur, on peut en rire. — Dans les villes on n'y croit plus.

— Mais, quelle heure est-il ?

— Il est presque midi, Paschal.

— Je m'en doutais, mon estomac me le dit. Vos amis sont peut-être de retour à Liége maintenant; ils marchaient d'un bon pas.

— Nous les retrouverons plus tard ; mais la journée est si belle ! profitons du beau soleil : nous sommes très-bien dans ce berceau de verdure. Eh ! *nosse Dame,* pouvez-vous nous donner à dîner ?

— Oh ! *nenni,* Monsieur ; nous n'avons que du pain, du beurre et un reste de fromage. *Et nosse pan est nouf joû vix.*

— Vous n'avez pas grand'chose.

— *Ja co quéque boquet d'couque à doze, si monsieur nn'agrèie.*

— Faites-nous, s'il vous plaît, un bon café, un double, *onk di fiesse !* et donnez-nous dix œufs durs, trois à la coque pour moi !

— Nous n'avons que des œufs de poule.

— Je sais parfaitement bien ; mais laissez-en trois cuits mollets.

— *Bin, paret ! ci n'est nin l'môde es nosse pays, ces où là.*

— Eh bien ! bonne femme, faites comme dans votre pays : à la guerre comme à la guerre ; n'est-ce pas, Paschal ?

— Ce que vous commandez est parfait ; je n'ai pas toujours des œufs durs à manger, moi.

Voici bientôt venir une assiette chargée d'œufs, un vieux pain noir, du beurre peu frais, une cafetière remplie de café où les marcs se promenaient comme des fourmis dans une fourmilière, et deux tasses d'un blanc gris à fleurettes bleues.

Le bon batelier tressaillit de joie.

— Pourquoi faire du pain si longtemps d'avance, bonne femme ?... — Ah ! *bin, Monsieu*, répondit-elle, *c'est po z-aller pus lon avou n'môûnêie : on n'magne nin tant. Nos estans des honnêtès gins, veyez-ve, nos autes.*

Les tasses étaient tellement petites qu'il fallut boire dans la soucoupe ; je trempais, comme mon vieux batelier, l'index dans mon café pour le porter à ma bouche.

La voisine, qui avait remis son ménage en ordre, déposa bientôt son poupart dans *une berce* à bascule ; puis, aspirant une bouffée du bon air de son jardin, elle chanta d'une voix des plus criardes, et sur un air qui variait à chaque instant, les paroles d'une vieille ballade qui devait bientôt endormir l'enfant, mais que nous écoutions avidement des deux oreilles :

> Jans, m'binamèie !
> A l'chaude vesprèie
> On a si bon divins m'batai!
> Leyîz ve à dire :
> So l'Diu d'à cire
> Ji jure dè v'fer dame di chestai.

— Ecoutons bien, dis-je, je vais noter. La petite haie seulement nous séparait de la chanteuse.

1.

> Vinez, nos tinrans manège.
> Essonle nos sèrans todi,
> So l'côp, nos sùrans l'passège,
> Li dreute vôie dè paradis.

Sins vos, si longues sont les heûre,
Ji d'vins nawe et lourd valet;
Quand ji v'veus belle comme les fleur,
I m'sonle qui j'a l'pâcolet.

  Jans m'binamêie!
  A l'chaude vesprêie
On a si bon divins m'batai !
  Leyîz-v à dire :
  So l'Diu d'à cire,
Ji jure dè v'fer dame di chestai.

2.

Dè long d'Mouse j'a mes cotiège,
Ah ! j'ènn'a pus d'ine heure lon !
J'ènn'a d'quoi fer deux viège
Pus grands qui l'ci d'nosse baron.
Vos estez l'prumîre qui j'aime,
Mi cour n'aveut mâie pârlé ;
Dihez-m' donc qui l'vosse est l'même,
Et des joû d'sôie vos fil'rez.
  Jans, m'binamêie, etc.

3.

Qwand l'baité jeta s'loumire,
On s'abressiv' trop hureux ;
So l'cléré aiwe les steule d'à cire
Blaw'tît comme l'ouye dè naiveu !
Rin ni troublêve leu bonheur
Si c'n'est l'vol d'ine chaw'soris,
Porsuvant di s'mâle aweure
L'aveuglêie qu'on a surpris.
  Jans, m'binamêie, etc.

4.

Plus tard li jône feye ploréve,
Comme on n'l'aveut mâie vèïou ;
Et les seul mot qu'on oïéve,
C'esteut : poquoi l'a-je crèou ?
Adon puis so l'bôird dè l'Moûse,
So les hièbe dè même corti,
L'aiwe ramina divins s'coûse
Ine moite à l'homme qu'a minti !
    Jans, m'binamêie ! etc.

5.

On raconte avâ l'viège
Qui li r'môird porsû l'naivèu ;
Qu'il veut cori so s'cotiège
Li dial avou s'hache di feu.
Dè l'nuté il veut ine loum'rotte,
Qui hroule tos ses bais wassin ;
Puis il ôt gèmi n'houlotte
Qui li houle li même refrain :

    Jans, m'binamêie !
    A l'chaude vesprêie,
On a si bon divins m'bataï !
    Lèyîz-ve à dire :
    So l'Diu d'à cire,
Ji jure dè v'fer dame di chestai.

— Ce chant m'attriste et me refroidit les membres, dit le batelier : prenons un petit verre et partons. — Je réglai notre modeste dépense et nous voilà en route.

Chemin faisant, le vieux Paschal, qui désirait probablement savoir qui j'étais, revint insensiblement sur les misères de sa famille et de sa jeunesse, après m'avoir donné des détails sur son ancienne opulence. Pouvais-je lui dire : Je ne veux connaître que des remèdes et des pélerinages ! non sans doute. Je dus laisser bavarder mon homme, qui s'exprima en ces termes :

— Je crois vous avoir dit que ma famille avait du pain sur la planche ; mes premières années se sont passées dans l'aisance. Je me vois encore à la Goffe, assis au soleil sur les grosses chaudières renversées et alignées tout le long de la façade de notre habitation. Mon père était un des principaux maîtres du bon métier des fèvres ; membre de plusieurs confréries, il faisait la collecte pour le saint Sacrement à la grand'messe de sa paroisse et portait le baldaquin dans les nombreuses processions. Mon père était fort bien vu ; il passait ses soirées dans le plus beau cabaret à vin de la ville. Ah ! un bel établissement, celui-là! On n'y jouait que de l'or ; on n'y rencontrait que des nobles et des tréfonciers; la maison se voit encore: elle est située au coin de la rue de la Clef et de Féronstrée, en face de l'ancien hôtel de l'Aigle noir ([1]).

([1]) Maison Blavier.

Mon père était ambitieux, il aimait les honneurs. Je me souviens qu'il devait aller dîner avec le prince de Liége quand la révolution éclata.

— Savez-vous la cause de sa ruine?

— Non, Monsieur : je partis avec les premiers conscrits, en 1803 ; avant cette époque, on ne nous tenait au courant d'aucune affaire ; plus tard, j'appris que de malheureuses spéculations, de fortes créances non rentrées, les troupes étrangères et les assignats nous avaient réduits à rien.

— Pauvre Paschal !

— Moi, Monsieur, je me compte le plus heureux des hommes ! Dieu m'a donné une compensation.

— Ah !

— J'ai beaucoup souffert de 1803 à 1814, dans le royaume de Naples et dans la campagne de Russie. Je fus percé de trois coups de baïonnette à Smolensk et laissé pour mort à la bataille de la Moskowa. C'est dans ces temps-là, qu'il nous eût fallu des remèdes ! Et nous n'étions pas toujours pansés... (¹). Bref, je suis rentré au pays épuisé par les fatigues, les blessures, etc. Je ne valais plus grand'chose ; c'est à peine s'il me restait assez de force pour supporter ma misère. Les

---

(¹) Impossible de passer quelques heures avec les hommes de cette époque sans qu'ils vous racontent leurs campagnes.

personnes qui avaient pu conserver une partie de leur fortune, ou qui s'étaient enrichies en rachetant les biens des couvents, ne me reconnurent plus : j'étais pauvre ! Cependant, une femme que j'avais aimée avant mon départ me tendit la main en me disant : il me reste mon cœur et mon courage, nous tâcherons de nous relever ! Je l'épousai, cette bonne et digne femme ; elle m'encourageait dans mes moments de désespoir quand nous allions nous coucher sur la paille sans souper.

Après avoir essayé de diverses positions, je trouvai que celle de batelier allait mieux à mon caractère ; je commandais sur mon bateau ! ensuite je vivais sur la Meuse, que j'aime plus que mon clocher. N'oubliez pas que je suis né sur les bords de ce fleuve : c'est un ami pour le vieux batelier.

— Où êtes-vous logé : près de la rivière ?

— A peu près. Nous avons un petit quartier dans la rue des Rewes, mais nous n'y sommes que pour la nuit ; ma femme travaille au rivage.

— Quel genre de besogne fait-elle ?

Elle vend de la chaux par manne ; je vous la recommande : elle livre très-bien ; première qualité de chaux sans pierres et la bonne mesure, par manne ou par mètre cube ; ma femme donne le compte aux gens. Elle fait de l'eau de chaux pour les brûlures, qu'elle donne aux malheureux.

— Avez-vous des enfants ?

— Oui, Monsieur, et des hommes *tot-oute, allez*. C'est en eux que je vois et que j'éprouve le plus grand des bonheurs.

Accordez-moi cinq minutes et vous saurez. Vers 1822, mon aîné avait sept ans ; à force d'économie et de privations, nous avions trouvé le moyen d'épargner pour payer la meilleure école de ce temps ; et tous les premiers du mois, mon *binamé* Jean (nom de son grand'père) portait à M. Delaite trois beaux francs ! A onze ans, mon petit Jean allait au collége aux Croisiers ; enfin, à 22 ans il était avocat et il gagnait assez d'argent pour se vêtir, pour payer sa chambre dans une rue plus large que la rue des Rewes et pour payer les frais de l'instruction de ses deux frères et de sa sœur. Est-ce beau ? Mais, Monsieur, si vous saviez combien de nuits il a passées à l'ouvrage pour aider ses frères ! L'un est fabricant d'armes, l'autre est artiste.

Mon cher Jean a de la fortune maintenant ; si nous demeurons toujours rue des Rewes, c'est que nous le voulons bien ; nous craignons d'aller salir sa belle maison ! puis, nous ne parlons pas assez bien le français, voyez-vous ; et mon fils Jean reçoit les plus grosses têtes de la ville. Nous voulons, sa mère et moi, l'aimer de loin. Il a pu reprendre l'habitation de mon père, à la Goffe ; mais cette maison, vendue forcément |fr. 4,200 en 1809, se rachetait quarante mille francs, trente ans plus tard, en 1840. Ensuite la rue à la Goffe ne convenait pas à un avocat.

— Heureux Paschal ! Votre satisfaction me fait digérer bien des remèdes et des croyances populaires.

— Que diront vos lecteurs, si vous vous écartez de la route tracée ?

— Ma foi, répondis-je, ils ne seront peut-être pas fâchés de sortir un moment des vieilles drogueries. Nous allons y revenir. Mais, avant tout, dites-moi votre nom de famille ?

— Je croyais vous l'avoir dit. Je me nomme Paschal Corombelle, sergent sous Napoléon Ier. A présent, mon nom le plus connu, c'est *l'vî batî*.

— Comment donc, mais votre fils est un homme distingué ; c'est un nom illustre.

— Vous voyez, Monsieur; je ne changerais pas mon sort pour celui d'un millionnaire. Mon fils est plus honoré que mon père ne l'était dans ses vieilles corporations des bons métiers. Quant à moi, je suis content de ma position : ma femme me soigne d'après nos petits moyens : du pain, du beurre, quelques douceurs ; par exemple, un kilog. de Porto-Rico à la Saint Paschal. Puis, chaque jour, de nouveaux succès de notre fils Jean; enfin, la prospérité de nos quatre enfants, qui se conduisent comme des anges, n'est-ce pas le plus grand de tous les biens? Je le crois et j'en remercie Dieu. J'ai connu la vie facile jusqu'à dix-huit ans; je retrouve la fortune chez mes enfants. Vous voyez, cher Monsieur, je puis mourir tranquille; nos mauvais jours sont oubliés, et mon *binamé* fils Jean ne pense plus aux nuits terribles où il demandait à sa mère d'acheter de l'huile pour alimenter sa lampe d'étude au lieu du beurre qui accompagnait d'ordinaire notre pain noir.

Tout en causant, nous étions arrivés à Herstal ; notre attention fut attirée, tout-à-coup, par des chants et des rires bruyants. Un orgue de barbarie jouait des valses. En approchant de la fenêtre restée ouverte, nous aperçûmes nos cinq jeunes gens, nos compagnons de voyage, qui avaient eu la chance de rencontrer une bande de jeunes filles, et ils restaient là s'amusant comme des bienheureux.

— Heureux âge ! me dit Paschal ; allez vous divertir comme vos amis : moi, je vais retrouver ma femme. Nous causerons un autre jour. Si vous désirez me revoir, demandez Paschal Corombelle, le batelier, rue des Rewes ; cette ruelle donne Quai-sur-Meuse. Toujours prêt à vous rendre ses services.

Après avoir donné une bonne poignée de mains à cet excellent homme, je promis d'aller le voir et j'allai danser.

CHAPITRE VII.

Un mois après notre excursion en bateau, je me rendis rue des Rewes, à la recherche du vieux batelier. J'entrai dans différentes maisons, si toutefois on peut appeler maisons des amas de vieux plâtras en ruines où le soleil bienfaisant n'avait jamais pu pénétrer, sales taudis humides où l'on respirait un air infect.

Je montai les étages occupés par des familles différentes ; j'entrai dans des chambres dont la paille étendue sur le plancher, deux grossiers tabourets en planche et le petit poêle en fonte, appelé *pot d'peingneû* formaient tout le confort.

Après avoir visité toute la noire et triste ruelle des Rewes, les ruelles de la Rose et de la Botte (¹), cheminant le cœur gros, songeant à ce repoussant tableau, aux inégalités sociales et à l'hygiène

(¹) Remplacées par la rue Nagelmackers en 1866.

publique, je m'en allais de guerre lasse, sans avoir retrouvé mon batelier, quand un petit homme, tout contrefait, me demanda si je cherchais le coupeur de bois : — C'est moi, me dit-il.

> Qwèrez-v' Piérre li marchand d'clicotte,
> Ou J'han-Joseph li tabourî ?
> Po les sangsowe, li p'tite Chârlotte
> Dimeure so n'chambe, cial so li drî.
> Volez-v des ohai, des fahenne,
> Ou l'grand Laurint, li bouteu foû ?
> Po vos mat'las li veye Cath'renne,
> Cherpihe et r'fait les lét bin doux.

— Non, lui dis-je, c'est le vieux Paschal, le batelier, que je cherche.

— Ah ! Monsieur, il est parti, pour notre malheur ; c'est lui qui remettait nos ménages *à la paix* ; souvent il avait un morceau de pain pour le voisin sans ouvrage ; il était notre Providence ; il nous encourageait dans nos peines, et sa bonne femme aussi venait nous aider dans nos maladies.

— Serait-il arrivé quelque malheur à ce brave homme ?

— *Nenni dai*, Monsieur ; *il rôle à c't'heure so blancs peu*. A la suite d'un *dérangement* (¹), me dit le coupeur de bois, ses enfants l'ont décidé à quitter son genre de vie ; sa femme vient de céder

(¹) D'une indisposition.

ses deux bateaux de chaux ; ils ne font plus rien. Pour les engager à accepter cette nouvelle et facile position, l'artiste, le plus jeune des fils, qui a fait fortune en fabriquant des mécaniques, fit croire à ses vieux parents, qu'il avait à Fragnée une jolie maison avec jardin qu'il ne pouvait louer ; et, comme elle se détériorait, qu'il y aurait dévouement de la part de son père et de sa mère à l'aller habiter. Et comme Paschal avait toujours versé à la caisse des bateliers, il crut aisément son fils Jean, quand celui-ci assura qu'ils avaient plus qu'assez pour bien vivre.

Je remerciai l'obligeant coupeur de bois, et le lendemain, par une belle journée du mois d'octobre, (n'oublions pas l'année 1850) je me rendis au quai de Fragnée. De bien loin, on apercevait un vieillard appuyé sur le garde-corps en fer, aspirant des bouffées d'une petite pipe en terre, tout en regardant passer les bateaux sur la Meuse.

— Ce doit être mon homme ! m'écriai-je. J'eus à peine fait quelques pas, que Paschal me reconnut et porta la main à sa casquette.

— Bonjour, mon cher batelier, comment va la santé ?

— Très-bien, Monsieur, à vous servir et à vous rendre mes devoirs, toujours prêt à vous obliger si je le puis.

Cette bonne vieille figure de 69 à 70 ans témoignait tant de bonhomie et de franchise, que j'éprouvai un véritable bonheur en la revoyant. Au moment même, les chevaux puis la corde tendue d'un bateau qui remontait le fleuve nous obligèrent à quitter la place. — Entrez, me dit-il, vous verrez ma femme ; elle ne laisse plus sur son passage une trainée de poussière blanche ; elle a cédé son commerce de chaux. *Nos vikans cial tranquill'mint.* Venez, mon bon Monsieur, prendre un verre de bière ; j'ai le tonneau dans ma cave, maintenant. Et mon fils Jean nous force à prendre du vin tous les jours ; nous l'écoutons quelquefois, ce cher enfant. Préférez-vous du vin ? il est bien bon, allez : il vient de chez nos enfants.

— Merci, mon cher Corombelle ; mais j'accepte un verre de bière.

— Va pour la bière ! je vous avouerai que le vin, nous le ménageons en cas de maladie, c'est trop cher pour nous ; ensuite nous sommes encore forts. C'est bon pour nos enfants ; eux n'ont pas autant de vigueur.

Je m'informai de la santé de Madame Corombelle, qui tricotait des bas de laine, assise dans l'avant-cour. Nous entrâmes dans une pièce pavée en dalles polies, d'une propreté extraordinaire.

Au risque de me brouiller avec nos amateurs

de remèdes, je vais à la hâte donner quelques détails sur la paisible demeure du batelier, dans sa retraite, où je vois régner le contentement et le bonheur.

— Nous avons, me dit Corombelle, conservé notre vieux mobilier malgré nos mauvais jours. Tenez, mon jeune ami : installez-vous dans le fauteuil, tout neuf, que ma fille vient de me donner à la Saint Paschal ; moi, je m'assiérai dans la vieille chaise à bras rembourrée qui a servi à mon père et à ma mère.

Voilà le buffet où ma mère renfermait ses belles porcelaines ; à côté, ce portrait d'homme portant l'habit et le gilet à la Robespierre, eh bien ! c'est le père à ma femme ; c'est le portrait d'un procureur-impérial. J'ai eu la chance de le racheter à un fripier, un *vieux warier*, disait-on de mon temps, rue du Stockis ; il m'a coûté deux francs 25 centimes.

J'examinai avec intérêt le buffet renfermant les souvenirs de famille soigneusement rangés autour d'une Notre-Dame (1) recouverte d'un globe. Le vieux meuble reposait sur une commode à quatre tiroirs chargés de cannelures et d'ornements découpés dans le bois de chêne ; n'oublions pas

(1) Madone.

les deux menottes ou poignées en cuivre servant à les tirer. — Quand on a perdu quelque chose dans le ménage, me dit le vieux, c'est dans ces tiroirs que ma femme commence ses recherches, en adressant une prière à St-Antoine.

Pendant ma revue du mobilier des anciens Corombelle, le batelier avait décroché un reluisant pot d'étain pour aller le remplir à la cave.

— Asseyez-vous, Monsieur, et goûtez-moi cette bière. Mais je ne dois pas oublier votre toquade ; car, mon jeune ami, il faut que vous soyez quelque peu toqué pour vous amuser à rechercher les remèdes et les croyances du peuple.

— Ma curiosité, Monsieur Corombelle, m'a procuré le plaisir de vous connaître ; je compte maintenant un honnête homme de plus dans mes amis, un vieux brave enfin.

— Vous êtes trop bon, vraiment ; vous me touchez, je me sens rougir comme une jeune fille à qui l'on dit pour la première fois qu'elle est belle. — Puis, tout embarrassé, le vieux Paschal poussa son verre contre le mien.

— A votre santé, mon jeune ami ! il est bien vrai que je n'ai jamais fait de mal à personne, et le plus possible, je rends le bien aux méchants qui cherchent à me nuire. A présent, je puis mourir tranquille ; mes enfants sont fort à leur aise, *j'espère mori sins fer des mowe.* Mais la ! la ! la ! je vous ennuie, moi : reprenons nos vieilles balivernes.

Vous ai-je dit, Monsieur, qu'on croyait à la fatalité et à la mort d'une des deux sœurs, quand toutes deux se mariaient le même jour ? Malgré l'instruction des classes aisées, l'on me citait dernièrement plus d'une famille opulente qui n'avait pas osé faire une double noce ; d'autres dames âgées nommaient des personnes et citaient des exemples.

Avez-vous remarqué que, règle générale, les jeunes personnes aiment à perdre au jeu, parce qu'elles ont plus de certitude d'être heureuses en ménage ? qu'elles aiment à trouver dans leurs promenades un cheval blanc qui remue la queue : elles espèrent alors rencontrer leurs amoureux. On aime aussi à rencontrer des moutons, pour être le bienvenu.

Les mamans ont aussi leurs superstitions, leurs préjugés ; elles préfèrent les mardis et les samedis pour la célébration du mariage de leurs enfants. Ce sont les meilleurs jours pour se marier, pour se mettre en voyage, pour commencer les affaires, ouvrir ses magasins ; le samedi principalement est le bon jour pour l'ouverture d'une boutique. En dehors des mardis et des samedis, ne laissez jamais entrer de servante; elle vous causerait du dommage tous les jours. Elle vous cassera vos porcelaines, vos grandes glaces, vos verres; enfin, si vous êtes riche, elle vous rendra pauvre.

Nos commères prétendent que les vendredis, les dimanches et les lundis sont des jours malheureux. C'est chose extraordinaire, n'est-ce pas, de voir persister ces idées chez les femmes. Mais, Monsieur, vous qui avez fait des études, les 365 jours de l'année ne sont-il pas tous des jours du bon Dieu ?

— Certainement, mon vieux Paschal.

— De l'autre côté de l'eau, les habitants du Rivage-en-Pot et d'Angleur, croient qu'un enterrement fait le dimanche entraîne la mort d'un autre paroissien dans les six semaines. Comme les villages augmentent en population, cette croyance prendra de plus en plus racine.

Dans tous les villages longeant nos rivières, les riverains croient que le cadavre d'un noyé saigne du nez à l'approche d'un parent. Si le mort est tellement dévisagé qu'on puisse à peine le reconnaître, le saignement sert d'indice. Malheur à celui qui ne croit pas à ce fait merveilleux ! Il se ferait une mauvaise affaire.

Ma voisine croit encore qu'au dessus de la rue Naimette, où deux petits chemins se croisent, endroit appelé : *àx qwate sieu*, une poule noire vient toutes les nuits, quand minuit sonne : *à meie nut*, faire la causerie avec les âmes de l'autre monde. Si l'on pouvait entendre cette conversation, comme vous prendriez des notes, vous, Monsieur !

— Je le crois bien, mon cher Corombelle.

— Connaissez-vous la cause des mauvaises nuits de M. Houbâ qui demeurait près de St-Denis, en face de l'église? Non, n'est-ce pas? A votre santé !

Il faut vous dire que Houbâ ne mangeait plus, il ne dormait plus ; enfin il maigrissait à vue d'œil ; il dépérissait à tel point que les amis loustics, farceurs et mauvais consolateurs lui disaient : *Houbâ, ti pèhe àx vièr* ! La bonne et excellente tante, quoique morte depuis longtemps, apparaissait à Houbâ, au pied de son lit. Quand il rallumait sa lampe, le spectre disparaissait ; mais une fois éteinte, sa tante revenait, et il sentait le poids de son corps sur ses jambes !

Notre malheureux Houbâ prit le parti d'aller trouver son curé. — N'avez-vous jamais rien promis? lui demanda le curé.—Non, répondit Houbâ ; je ne me souviens d'aucune promesse.—Rappelez-vous, lui dit-il, et tenez votre engagement.

— Je me souviens, lui dit sa mère, d'un désir que votre tante nous exprima. Neveu, dit-elle, *si vos n'toumez nin sôdârt, irez-v' à Notre-Dame di Hâ ?* Va, mon fils, à Hal, si tu n'as pas rempli tes obligations. — Ainsi dit, ainsi fait ; quand le neveu Houbâ revint de Notre-Dame de Hal, il ne vit plus le fantôme de sa tante. Si les morts revenaient aussi pour les promesses et les dettes d'argent, il y aurait bien des restitutions aux héritiers.

Je me rappelle que le 24 juin, à la saint-Jean, continua Paschal l'ancien batelier, nous allions, à midi sonnant, nous baigner et nous laver à la rivière, après avoir fait le signe de la croix. Dans notre esprit crédule, nous croyions être préservés de tout malheur ; après ce bain, on pouvait se jeter à l'eau sans se noyer et naviguer sur les plus grands fleuves sans aucun péril.

A midi moins un quart, les rivages de toutes les rivières du pays, dans les endroits d'un accès facile, se garnissaient d'une quantité de femmes et d'enfants portant des pots de toute espèce ; et juste au moment où l'horloge de la paroisse sonnait l'angelus, toutes puisaient à l'envi de l'eau à la rivière pour en boire et l'emporter dans leur demeure.

A doze heure,
On veyève tos poirteu d'seyai
So les rivage, so les batai ;

> Onk ine marmite, on pot, ine qwâte ;
> On pouhîve l'aiwe qui r'fait nos fâte,
> Nos plâie et nos crape à mustai.

Les vieilles personnes prétendent que toutes les rivières de la terre sont bénites le 24 juin à midi, et que c'est à saint-Jean que nous devons cette vertu.

L'eau bienfaisante puisée à cette heure sert à laver les plaies ; on la boit pour les maux d'estomac ; on prétend qu'elle débarrasse les jeunes filles des taches de rousseur, bien mieux que l'eau de la vigne ou le lait de jument.

Il y avait des commères qui disaient que cette eau de St-Jean faisait disparaître les traces du péché de notre première mère, et que les jeunes personnes redevenaient pures comme le jour de leur naissance en buvant de cette bonne eau. Mais n'en croyez rien ; une vertu pareille tarirait nos rivières, et les poissons et les bateliers maudiraient Saint-Jean.

Une chose que j'ai souvent remarquée dans mes voyages en bateau, sur l'Ourthe, la Vesdre et la Meuse, c'est qu'à midi sonnant, ce même jour de la St-Jean, les mères de tous les environs plongent leurs petits enfants dans la rivière. Les cris aigus des nouveaux-nés rappellent le massacre des innocents. Eh ! bien, c'est pour préserver ces pauvres petits êtres de toutes les maladies présentes et futures qu'on leur fait subir des immersions à l'eau froide.

— C'est une coutume très-ancienne (1).

— Vous savez à quoi vous en tenir, vous, mon jeune ami ; mais ce que je puis vous assurer, c'est qu'il n'y a pas très-longtemps encore, on se baignait à Liége et l'on emportait de l'eau le jour de St-Jean, et que ces coutumes n'ont pas cessé de se pratiquer toutes les années dans les villages qui bordent nos rivières. — C'est un nouveau baptême qui endurcit, quand on n'attrape pas un mauvais refroidissement.

— C'est bien possible. A Ougrée, on plonge la statue de Saint-Jean dans la Meuse, à midi, pour en bénir l'eau.

— Si je vous ai noyé dans mes contes à l'eau claire, je vais avoir l'occasion de vous sécher à propos du même saint.

— Très-bien, mon cher monsieur Corombelle.

— Vous n'ignorez pas qu'au mois de juin le soleil est à sa plus haute ascension vers le tro-

---

(1) Grimm rapporte une lettre adressée au cardinal Colonna, en 1330, où on lit que les femmes de Cologne se lavaient dans les eaux du Rhin, à la St-Jean, pour se purifier de toutes les misères de l'année à venir.

pique. Le fait était autrefois signalé dans les campagnes, par les feux qui s'allumaient de toutes parts, le jour de la St-Jean, 24 juin. Eh! bien, à Theux et dans beaucoup de villages des alentours, on pratique encore cette vieille coutume. Chacun s'empresse d'apporter son contingent de paille, de bois, de houille et de baguettes pour élever devant l'église le feu de joie. Aux environs de Liége, on remarquait encore, dans les premières années de ce siècle, des feux de houille d'une grosseur extraordinaire ; il fallait plus de huit jours pour les consumer. (1)

Quand le feu est éteint, la foule de villageois se dispute les débris du bûcher. Ces charbons sont bénits : ils passent, comme l'eau de Saint-Jean et la pâque bénite (le buis bénit), ils passent, dis-je, pour avoir la vertu de préserver de l'incendie. On les place religieusement dans les maisons, sous les charpentes, à côté du buis pascal (2).

N'oubliez pas, jeune homme, qu'on a conservé l'habitude, dans tout notre pays, de brûler la branche de buis qui a été bénite le jour des

---

(1) A Hessdorf et dans une grande partie de la Prusse, les enfants font aussi des feux, le 24 juin.

(2) Dans quelques parties de la France et de l'Allemagne, pour se préserver de l'orage et du tonnerre, on brûle les débris de la bûche de Noël (PAUL DE LINAIS).

Rameaux, chaque fois que l'orage gronde.

Les charbons du feu de la St-Jean sont pilés soigneusement et considérés comme un remède excellent pour les phthisiques. La poussière se mouille et se prend dans l'eau, une ou deux cuillerées par jour. (1)

Un jour, si vous allez à Spa ou à Verviers, par les anciennes routes, les petits chemins de traverse, jetez vos regards sur les toits de ces villages où les croyances sont restées toute primitives ; vous y verrez des couronnes de fleurs. La veille de la Saint-Jean, les paysans, les femmes et les enfants, vont cueillir des marguerites ; ils en tressent des couronnes, et chacun en jette une sur le toit de sa chaumière. Cette couronne se fane, se dessèche et se pourrit à la longue, mais sa vertu résiste à tous les temps : elle protège la maison, elle empêche le tonnerre de tomber sur ces pauvres cabanes.

— Chères couronnes, chères croyances, vous avez le mérite d'écarter la frayeur, au moins, si vous n'écartez pas la foudre. Eh ! bien, je préfère

(1) De Reinsberg nous apprend, dans son *Calendrier belge*, qu'on saute encore aujourd'hui à travers le feu de St.-Jean pour ne rien avoir à craindre de la fièvre. Dans la Flandre Orientale, les femmes sautent au travers des mêmes feux pour accoucher facilement. Les feux de la St.-Jean, dit Maury, passaient pour mettre en fuite les démons.

ce préservatif à la tête du coq rouge qu'on coupait anciennement à Bruxelles sur la place du Petit-Sablon.

— Cette tête de coq préservait ?..

— Oui, mon vieux Corombelle, on le croyait du moins. Les auteurs, Schayes, Maury, De Reinsberg, etc., nous apprennent des milliers de choses sur les fêtes de la Saint-Jean. Ils disent qu'à cette époque, les feux ont toujours eu lieu, et que, bien avant la naissance de Saint-Jean, on jetait dans ces bûchers des chats, des coqs, des fleurs et des couronnes, et qu'on y faisait passer les bestiaux, pour les préserver de maladie. Ces coutumes, mon cher Corombelle, nous viennent des païens.

— C'est bien possible, Monsieur ; je crois ce que vous m'apprenez. Peut-être que Saint-Jean a eu des prédécesseurs.

Le vieux livre d'histoire de ma famille explique ainsi l'origine du nom de pommes de St.-Jean :

Vers l'an 618, Jehan l'Agneau du village de Tihange, fermier fort riche et fort honnête, fut accosté par un pèlerin qui lui dit : le siége épiscopal de Liége est vacant, Dieu veut que tu sois Evêque !

Le bon homme, qui labourait ses terres, répondit tout étonné, que cela lui était impossible.—Je suis

7

ignorant, dit-il, et n'ai jamais pu apprendre une lettre en ma vie. Je ne crois pas, que Dieu vous ait envoyé vers moi, pas plus que je ne crois que mon bâton pourrait reverdir ni porter fruit. — En prononçant ces mots, il planta son bâton en terre : à peine l'avait-il lâché que le dit bâton prit racine, et porta des feuilles et des fruits ! Ces fruits ont été appelés : *pommes de St.-Jean*.

— Dans ce bon temps, Dieu désignait les évêques : que n'avons-nous encore de ces bâtons pour nous donner de bons prélats et de bons conseillers communaux !

Madame Corombelle est venue nous entendre ; son sourire a l'air de dire : peut-on raconter des *s'fait râvlai* ? Sans bruit, la voilà qui place sur la table une nappe en fil très-blanche ; quelques assiettes en porcelaine, toute neuves ; du pain, du beurre, un morceau de jambon, du fromage et des poires cuites. Je veux me lever ; je m'excuse d'avoir prolongé ma première visite aussi longtemps. Mais Madame Corombelle s'y oppose. — Restez, dit-elle, et si notre simple repas ne vous fait pas peur, prenez-en votre part. — Elle m'invitait de si bonne grâce, il y avait tant de bienveillance dans son regard ! impossible de résister.

— Vous connaissez mes fils, me dit-elle ?

— Parfaitement, Madame, ils viennent encore

d'obtenir de nouveaux succès ; les journaux en parlent d'une manière des plus flatteuses.

Je ne saurais décrire la douce satisfaction de ces deux bonnes figures. Comme ils sont heureux ! me disais-je.

— *Vos irez m'acheter les qwate gazette, savez, Paschal?*

— *Loukîz, ji veus volti Monsieur, mi; allez qwèri n'boteye, Paschal, nos l'beurans après soper.*

Après avoir parlé longuement du cher Jean, devenu un personnage, et de toute la famille, Madame Corombelle, qui connaît mon faible, ramena elle-même la conversation sur les croyances.

— Ma fille, me dit-elle, a épousé un industriel très en vogue ; ils ont une campagne vers Chênée. Elle me contait l'autre jour qu'à Vaux-sous-Chèvremont et dans les environs, le jour de l'an, les habitants souhaitent la bonne année aux choses et non pas seulement aux personnes. Ecoutez !

En faisant le premier feu, ils disent : *ji v' sohaite ine bonne annéie, à l'wâde di Diu.* En tirant le premier seau d'eau, ils jettent une poignée de sel dans le puits, en disant toujours : *ji v' sohaite ine bonne annéie,* etc. Pour eux, le sel est béni : jamais ils ne marchent sur un grain de sel : ils le ramassent précieusement.

Ils vont aussi, le premier jour de l'an, sur leurs

terres et dans les prairies ; ils enroulent des cordes de paille, *des toirchette dî strain*, autour d'un arbre, en répétant : *ji v' sohaite ine bonne annéie, à l'wâde di Diu*.

Et moi, là-dessus, je vais me coucher, conclut Dame Corombelle; à bientôt : je vous ferai connaître une vieille personne qui sait des choses que vous ignorez, peut-être. Vous serez toujours le bienvenu.

CHAPITRE VIII.

Eprouvant du plaisir à causer avec le bon Paschal et désirant grossir le trésor de mes notes, je pris l'habitude de m'acheminer, les lundis et souvent les jeudis, vers Fragnée ; presque chaque fois, j'y trouvais l'une ou l'autre personne disposée à me renseigner.

Le soir du 8 octobre, je tombai sur un cultivateur du voisinage, qui avait passé toute la journée du dimanche à Tilff. L'adroit Paschal vint à parler de la fête paroissiale de St-Jacques ; aussitôt notre homme se mit à raconter, de son mieux, le pélerinage au village de Tilff.

Le grand pélerinage à *Saint-Ligî* (St.-Léger), dit le voisin, a lieu le 1er dimanche d'octobre, jour de la fête du village. On prie St-Léger pour les maux de tête ; mais beaucoup de pélerins vont en chercher (des maux de tête) au fond d'une quantité de petits verres. Dès le matin, les chemins conduisant à Tilff se remplissent de bandes d'ouvriers en habits de gala ; la blouse bien plissée domine et se mêle fort agréablement aux couleurs brillantes et variées des toilettes féminines. Le rouge, le bleu clair et le rose s'allient à merveille à la blouse bleue ; le tout fait grand effet au milieu des sites verdoyants, clairs ou sombres, du délicieux village de Tilff.

Les habitants d'une rue et parfois d'une paroisse, de tout un quartier, se rassemblent et partent en caravane. Qu'on ne s'étonne pas de les voir chargés de paniers de vivres ; la foule est telle que, sans cela, on courrait grand risque de mourir de faim à la fête du village.

Ordonnons l'ouverture des paniers, à la façon des anciens *gabelous*. Nous trouverons dans le premier : cinq grosses tartines de pain blanc ; cinq grands *golzâ âx pomme et â f'no* (gozettes aux pommes), une demi-bouteille d'eau-de-vie et une tarte au riz (*doréie*) repliée en deux morceaux l'un sur l'autre, reposant sur six à huit pommes. — Panier n°2 : œufs durs, six miches de Jupille pétries à la noix-muscade, quelques boulettes de viande hachée, un demi-kilog. de pruneaux, une bouteille de lait pour les enfants, une autre de bonne liqueur douce pour les femmes. — Panier n°3 : Une douzaine de petits pains pétris au beurre (des michot), deux bouteilles de bon *pequet* (genièvre), un pain blanc et le jambonneau des Ardennes. — Le quatrième panier, porté par deux jeunes et fortes commères, contient quinze pistolets de chez Cabolet, *à la renommée des petits pains*, du bœuf salé, *delle trippe et dè feute di vai*, plus deux grosses bouteilles de *mahî*.

— Qu'appelez-vous *mahî*?

— Eh bien, Messieurs, le *mahî* se compose de deux boissons mélangées, moitié punch, moitié eau-de-vie. En visitant d'autres paniers, vous trouveriez à comparer toute espèce de liqueurs: *france, dè roge, dè parfait amour, di l'èponche, dè pèquet qu'a d'manou so dès frombâhe et so des neurès gruzalle*, etc., etc.

Ces innombrables douceurs se mêlent à des pâtisseries variées et à des saucissons de tous les calibres.

Si vous apercevez des cabas vides au départ, c'est qu'on se propose de mieux les remplir à la fête du Rivage-en-Pot (Angleur) ou bien à Chênée.

Quand il pleut le dimanche, on fait de bien bons marchés; écoutez. La fête du Rivage-en-Pot tombe le même jour que celle de Tilff; c'est le chemin. Or vous savez que la fête d'Angleur porte chez nous le nom *di fiesse âx golzâ*; on prépare aux abords de Kinkempois, pour ce grand jour, des quantités considérables de cette pâtisserie en forme de claque aplati, bourrée de pommes coupées en morceaux et *de f'no*. Eh bien ! s'il fait mauvais temps, le dimanche, les *golzâ* vont rester pour compte. Pauvres marchands ! Les pèlerins de Tilff, prévoyants et très-économes, retardent en ce cas leur voyage jusqu'au lundi, et vont se fournir de provisions au Rivage-en-Pot, sans dégonfler beaucoup leur escarcelle.

Arrivons à Saint-*Ligî*.

Les vrais pèlerins se sont mis en route de bonne heure. Ils assistent à la grand'messe, puis vont embrasser les reliques. C'est un os de la jambe de St-Léger, qui a la vertu de guérir les maux de tête. Après la prière, on va se divertir.

Vers onze heures du matin, la foule afflue en colonnes serrées. Voici diverses sociétés en uniforme. Là, tous ces couples *à cabasse*, c'est la moitié d'un village qui descend la montagne; puis ce sont des carrioles chargées de femmes, d'enfants, que sais-je ? *et des cope* avançant à petits pas. Tout ce monde chante et braille à faire fendre les rochers. Voici les ouvrières de la boucherie, en toilette ; pas la plus petite tache de sang sur leurs vêtements clairs. Comme par enchantement, un *crâmignon* se forme, serpente et vient entourer l'un des plus bruyants carrosses; les braves gens qui y sont entassés crient au plus fort : *Vive nos autes!* *Vive li poroche di saint D'nihe!* Puis voyez ce camion recouvert d'une toile, pavoisé de rubans et de bannières ; ce sont les habitants d'une même ruelle. Les refrains des danses sont répétés à l'infini par tous ces groupes joyeux. Voici les chapeliers, les peintres en bâtiments, etc., etc. A quelques pas de la route, des ouvrières et des femmes du marché sont à jouer aux quilles, et comme elles sont très-animées par les petits verres de *doux* et de *mahî* dans lesquels elles ont trempé des croquants, *delle couque à doze et delle couque à neuhette*, elles finissent très-souvent par accoster les paisibles passants et les forcent à jeter le boulet :

A pus bai côp! — Midi sonne, et le grand air a creusé les estomacs de tous les gais pèlerins; si vous n'avez pas faim, vous mangerez tout de même : il est midi! Insensiblement les cercles se forment, chacun s'installe le plus commodément possible ; c'est un coup d'œil ravissant. Les champs, les coteaux, les prairies, tout le village, y compris les rivages pittoresques de l'Ourthe, tout est transformé en table d'hôte. Les paniers sont ouverts : c'est la table du bon Dieu! Celui qui a plus, donne à celui qui a moins ; on se partage le contenu des cabas, les bouteilles circulent :

Qwand il gn'a pus gn'a co! et le chœur s'écrie en trinquant : *Vive nos autes !*

Vers une heure, une société chorale fait retentir l'air des accents des *soldats de Faust*. Bientôt la foule en masse répète ce motif populaire.

Sur l'une des montagnes, toute une famille grossie par une quantité de mangeurs, se met à entonner : *Où peut-on être mieux?* de notre immortel Grétry.

— N'est-ce pas, Monsieur, reprit Corombelle : ces chants montent au ciel comme des cantiques? Et Saint-Léger accepte de grand cœur la joie du peuple comme un hymne sacré.

— Je le crois; mais il me paraît qu'on ne songe guère à Saint-Léger.

— Je termine. Voici la vesprée, les groupes se réunissent par quarante à cinquante personnes; il s'agit de retourner. Le défilé commence deux à deux (*à cabasse*), et vous allez voir que les chanteurs n'oublient pas le bon patron.

Po-lés mâ d'tiesse on trouve cial li bon-saint.
   C'est saint Ligî qu'a r'wèrou bin sovint
     Les accâblés d'migraine.
Mais qwand c'est l'fiesse, si l'peûpe hureux, contint,
   Y va beure si qwinzaine,
Si l'mâ s'accrèhe, Saint Ligî n'è pout rin.

Notre cultivateur, Micheroux, né à Saint-Maur, lez-Liége, fut très-satisfait d'obtenir la demande d'autres pélerinages. La bride était lâchée.

— Je connais, nous dit-il en souriant, les Saints Gilles de Liége, de Tongres, de Fraipont et de Huy.

Les somnambules prient Saint-Gilles pour avoir des nuits tranquilles ; on lui fait des neuvaines pour les enfants agités.

> Les cis qu'allet à saint Gilles l'èwaré,
> C'est qui del l'nute ès lét n'polet d'morer.
> Il allet à saint Gilles,
> Poz-y poirter des présent d'cueuve doré
> Et fer lére l'Évangile.
> Après, on pàie li marli et l'curé.

Le premier septembre, fête de Saint-Gilles, les femmes endimanchées et portant des enfants, ainsi que des hommes en grand nombre, suivent les chemins qui montent à l'église Saint-Gilles près de Liége. Ils y vont pour être préservés des maux de nerfs, pour les mauvais rêves, pour les maladies d'enfant, les oppressions et les cauchemars, etc.

Les bons pélerins chôment le jour de Saint-Gilles ; c'est pour eux un jour de privations : ils maîtrisent leurs passions ; les ivrognes ont le courage de se passer de boire le premier jour de la neuvaine : d'autres ont promis de continuer, toute leur vie, le voyage à St-Gilles, une fois l'an, le jour de sa fête.

A Tongres, les offrandes que les paysans déposent sous le nom de *cœur vivant* à leur bon St-Gilles, rappellent les coutumes des anciens temps (1). Dans le bas de l'Eglise, il se trouve une petite porte communiquant à une trappe à double fond ; c'est dans cette espèce de grande tirelire que les pélerins jettent comme offrande des poulets, des pigeons, des dindons, des lapins, etc. etc. L'année dernière, M. le curé retirait plus de cent pièces de ce grand poulailler.

Une foule considérable se dirige également, le 1er septembre, à la grande église, à Huy. La statue de St-Gilles est ornée ; les mamans se placent sur de petits bancs, avec leurs enfants ; le prêtre pose l'étole sur toutes les têtes, puis donne à baiser un reliquaire représentant un grand bras sculpté. Les prières et les offrandes sont recommandées.

A Chaineux, on prie aussi beaucoup St-Gilles *l'èwaré* pour guérir les somnanbules.

P'o sât'ler d'ine kohe so l'aute, j'en reviens au village de Fraipont, reprit Micheroux ; ici, vous aurez deux saints Gilles pour un ; votre petit garçon est-il trop nerveux, son sommeil est-il agité,

---

(1) Voyez Alf. Maury, *La magie au moyen-age*.

s'éveille-t-il en sursaut la nuit, a-t-il le regard effrayé, craignez-vous enfin les convulsions : allez à Fraipont, priez St-Gilles *l'èwaré* (¹), il est connu à six lieues à la ronde.

Mais au contraire, si votre chère petite fille reste dans un état de lourdeur et d'assoupissement ; si elle ne marche pas à l'âge de dix mois ; si son intelligence ne se développe pas assez vite ; si enfin votre enfant ressemble à un être *sins gosse ni sins saweur, ou bin à on chet d'après l'saint J'han*, à une idiote, si vous voulez, allez encore à la même église de Fraipont ; à l'autre autel, vous trouverez St-Gilles *li pâhule* (²) : implorez-le, donnez une offrande et des chandelles.

Quant à vous dire si ces deux saints étaient parents, cousins ou frères, je ne le puis ; les savants s'en chargeront.

— A mon tour, dit Corombelle à Micheroux. Vous venez de me parler de la ville de Huy ; c'est le chemin du batelier, donnez-moi la parole pour un moment ; je tâcherai de vous conduire en pélerinage à Notre-Dame de la Sarte, lez-Huy. En route !

(¹) Saint-Gilles l'effrayé, *litt.* l'égaré.
(²) Saint Gilles le tranquille.

So l'costé d'Hu, si v'montez les hauts plan ;
A mak, so l'Sâte (¹) on veut feumme, homme, èfant,
Qui pointet à l'chapelle,
Onk on présent, des cour, des creux d'diamant,
Des blouke et del dintelle.
Po Notru-Dame, les blok sont rimpli d'franc.

Presque tous les pélerins viennent déposer leur offrande et leurs cadeaux à la sainte Madone de la Sarte : des ex-voto de tout genre, des cœurs en argent, des bouquets, des ornements d'église, des bijoux de tout prix et souvent passés de mode. L'image vénérée reçoit tout ce qu'on lui donne.

La procession septennale du 15 août est des plus brillantes ; la dernière a été splendide ! Tous les sept ans, la miraculeuse vierge de la Sarte n'attend pas ses nombreux pélerins au-dessus de sa montagne ; elle leur fait l'honneur de descendre ; elle vient faire sa visite aux bons habitants de Huy et à tout ce peuple qui arrive en foule à vingt lieues à la ronde.

Il me souvient qu'à mon dernier voyage, les habitants, les pélerins et les petits livres faisaient des histoires, de bien beaux miracles. En fait de croyances, Messieurs, on ne saurait recueillir trop d'informations. Par les grâces et les faveurs de la sainte image, deux femmes ont été délivrées de

(¹) A la Sarte.

la peste ; un enfant qui avait les jambes tordues a marché droit ; une fille noble affligée d'une dyssenterie a été soulagée ; enfin depuis l'an 1621 jusqu'à l'an 1654, les miracles ont été on ne peut plus abondants.

Voici l'origine de ce pèlerinage, d'après le *Recueil des grâces*, etc. (¹) :

> Les grandès plaive, l'an saze-cint-quarante-treus
>   Avît rindou tot l'Hoyou si dang'reux
>   Qui d'Hu, li feumme Noiette,
> Li maisse Pàquai et dihe aute màlhureux
>   Neyit fâte di cachette.
> Qui les sàva ? A l'Vierge delle Sàte, leus vœux.

— Puisque nous visitons le haut de la Meuse laissez-moi redescendre vers Liége, nous dit l'ancien batelier, et dans quelques jours, M. Micheroux reprendra les pèlerinages. — Soit, comme vous voudrez.

— Au monastère de la Paix-Dieu, près de Huy et d'Ampsin, dans un magnifique jardin, j'ai vu le grand bassin en pierre, de forme ronde, où l'on allait puiser de l'eau pour se laver. Un jour de l'année, on s'y rendait en pèlerinage pour y tremper les membres malades. Les paysans emportaient de

---

(¹) Liége, Oudart, 1845, in-12. Réimpression du *Recucil* de 1666.

cette eau, bénite par les chères sœurs ; on faisait des offrandes, on priait Saint-Gérard. L'eau de la Paix-Dieu était devenue une source de richesse.

    Cial, à l'Pâ-Dieî, ci n'est nin-po l'verrât,
    Qu'on va prîi, qu'on donne à Saint Gèrà
        Po qui v'rinde on siervice.
    Cial, c'est l'cléré aiwe, wiss qui l'maigue comme li crâs
      Si r'wèrihe dè l'jènisse :
    Elle âreut r'fait, mutoi, dè choleră (¹).

C'est encore une eau perdue, dit Micheroux.

— Elle était vieille ; il faut du nouveau. Nous avons maintenant l'eau de la Salette et l'eau de St-Ignace.

— Avant de descendre vers Liége, dis-je à Corombelle, remontez la Meuse jusqu'à Dinant ; vous devez avoir quelque chose par là. Puis revenez à Amay.

—Et moi, interrompit le cultivateur Micheroux, je dirais ce que je sais. Jusqu'à l'âge de 17 ans, j'ai fait des pélerinages avec ma mère, pour de l'argent.

(¹) On raconte que le couvent de la Paix-Dieu doit son beau nom à deux frères, deux *tiestous hesbignon* qui en se réconciliant firent vœu d'ériger un monastère en cet endroit. St-Gérard, qui guérissait la jaunisse, a été transporté à la chapelle du château de Jehay. La Paix-Dieu sert actuellement à la fabrication du sucre de betterave.

C'est elle qui ouvrait la porte de la chapelle de St-Maur, où je suis né. Les méchantes langues disaient qu'elle avait acheté notre maison et nos 27 verges grandes de terrain avec le produit du tronc de la chapelle et le placement des chandelles ; mais c'étaient les voyages à prières qui rapportaient le plus. Entre nous, nous fraudions sur le nombre de chapelets à dire et sur la longueur du parcours. Nous n'étions pas timbrés comme les pigeons voyageurs ; mais nous revenions toujours.

Madame Corombelle, assoupie dans le coin du feu, fut réveillée en ce moment par nos éclats de rire.

— A Celle, près de Dinant, on trouva, reprit Corombelle, une image de la Vierge dans le creux d'un vieux chêne. Dès 1616, selon Bouille, elle commença à devenir célèbre par de nombreux miracles. Depuis lors, on érigea dans le diocèse de Liége une quantité d'églises et de chapelles en l'honneur de la Sainte Vierge.

> Dè cour d'on chêne qui hachive on chepti,
> Nosse Dame di Foi vina-t-ès nosse pays
> Nos jeter ses douceur.
> Si, fôirt èlique, vos estiz affligî
> Di grands mâ, d'grande doleur,
> Elle esteut là po tos les mesbrigî.

Lipsin, frère Mineur, nous raconte des quantités de miracles renchérissant les uns sur les autres (¹). Il est certain, dit-il, que la Vierge de Hal est très-miraculeuse ; mais la guérison de Ch. de Molin, l'estropié, après trois semaines employées en pélerinage à Hal n'ont rien fait, tandis qu'après trois heures de prières à Notre-Dame de Foi, il fut guéri.

> Nosse Dame di Foi, âx environ d'Dinant,
> Riwèriha po s'mirâcle li pus grand
>   On mârtyr dè l'tôrteure.
> In aute rîv'nou di Hà, tot comme divant,
>   Fourit quitte di s'gonfleure.
>   C'est l'Vierge di Foi qu'èl rifât bin poirtant.

A Fosses, le 1er mai, pour fêter Ste-Brigitte, on distribue des milliers de baguettes de noisetier ; à la grand'messe, au moment où le prêtre donne la bénédiction, chacun lève sa baguette en l'air ; les milliers de branches de noisetier s'agitent et s'entrechoquent toutes ensemble, ce qui produit un tapage infernal pour la plus grande satisfaction des habitants.

Vous savez que c'est Ste-Brigitte ou Brigide qui a ramené le corps de St-Feuillien en cet endroit ; les légendes sont très-abondantes à Fosses.

(¹) *Abrégé de l'Histoire de Notre-Dame de Foi.* Liége 1734, in-12.

A Grand-Rechain, on prie également Ste-Brigitte pour la santé et la réussite des animaux.

Dans presque tous les villages, on invoque la protection de la même sainte pour les champs et les bestiaux.

— N'oubliez pas St-Antoine !

— Non, non; son tour viendra. A Dréhan, près Dinant, c'est sainte Geneviève qui remplace Ste-Brigitte. Cela varie; bien loin, à Norbeek, près de Fouron-le-Comte, c'est sainte Brigitte qui guérit les yeux.

Mais où la Sainte est le mieux fêtée, Messieurs, c'est à Amay (1). Le premier dimanche de mai, l'église est beaucoup trop petite. Les paysans arrivent en masse de partout; ils vont à l'offrande, puis emportent de la terre préparée et bénite placée dans un grand plat en cuivre jaune, à grosses ciselures sur les bords; ces ciselures représentent des vaches, des cochons, etc. Chaque paysanne a bien soin de caresser de la main ces ciselures au profit de ses bestiaux. Les petits paniers et les mouchoirs se remplissent de cette bonne terre, qu'on mêle à la nourriture du bétail.

La foule de pélerins est extrêmement considérable pour visiter sainte *Brixhe d'Ama.*

(1) Ste-Brixhe en wallon.

Tot l'monde kinohe li fameuse sainte d'Ama,
Dihéve grand'mère, nosse binameie mâma.
Pa, c'est sainte Brixhe qu'on l'homme !
Si v's avez n'biesse malâde divins vos stâ,
Dè l'térre gros comme ine pomme
Ça médeie mi qui d'vins les hospitâ.

— Puisque vous recherchez les croyances, me dit le batelier, il me souvient que ma sœur nous lisait dans de petits livres de saints (1), que Sainte-Brigitte, surnommée la faiseuse de miracles, après avoir fait profession de virginité perpétuelle, vit sa difformité disparaître lorsqu'elle prit le voile; en même temps le bois sec de l'autel poussa des feuilles. La Sainte avait le pouvoir de changer les orties en beurre, les écorces d'arbre en lard, l'eau en bière, etc., etc. — L'heureuse église d'Amay renferme encore les ossements de Sainte-Ode, fondatrice de l'église et tante de Saint-Hubert.

Il est dix heures, Messieurs, il est temps de *raller*.
— Désirant connaître les différentes traditions concernant Sainte-Brigitte et les saints de la Hesbaye, je décidai Micheroux, le cultivateur propriétaire, à m'accompagner dans une tournée à la campagne et à Huy. Au risque de tomber dans des redites, voici le récit de notre voyage.

(1) *Règles et indulgences de la confrérie de Sainte-Brigide.* Liége, Collette, 1754, in-12.

CHAPITRE IX.

L'affluence des promeneurs et des pélerins est en raison du beau temps. A notre arrivée, nous voyons défiler des compagnies de paysannes proprement vêtues. Elles vont invoquer St-Quirin (*St-Quoilin*), qui guérit les plaies de la peau ; elles mendient chemin faisant, c'est de rigueur ; et l'argent mendié sert à faire dire des messes, à la grande église à Huy, où le vénéré patron a élu domicile.

Nous aurons à signaler plusieurs fois les plaies aux jambes. Elles changent de noms en changeant de ville ou de village. A Huy, elles se nomment *li mâ d' Saint-Quoilin* ; ailleurs, *li mâ d' Saint-z-Elôie* ; à Liége, c'est *l' mâ d' Saint-Julin*. La grande église de Huy est aussi très-entourée ; la statue de Ste-Ernelle est implorée pour la guérison des gros boutons à la peau, qu'on frotte avec de la graisse de mouton bénite à cet effet.

La même église possède en outre un St-Gilles, tout-puissant pour la transpiration à la tête.

Le peuple des environs de Huy et de Liége croit employer un bon remède en lavant ses plaies avec l'eau bénite. Dernièrement, un pauvre homme qui avait la figure chargée de maux se lavait dans le bénitier d'une de nos églises... Ici comme dans tous les pays, les enfants sont sujets à la fièvre lente; St-Fiv'lâ est à son poste, remplaçant notre Ste-Fiv'laine ou St-Breïât.

Quoique relégué dans un grenier du vieux château de Huy, St-Fiv'lâ compte une nombreuse clientèle.

On le prie pour les enfants chagrins. Les paysannes déposent pour offrande des vêtements d'enfant, du pain et des provisions de bouche. Ces derniers présents servent à élever des lapins. Il paraît que ce grenier renferme les plus gros lapins du pays.

Au risque de nous répéter, nous dirigeons nos pas vers le beau village d'Amay. Là, nous apprenons que la bienheureuse Ste-Brigitte est toujours tourmentée par ces rustres de paysans qui voudraient avoir des vaches rapportant beaucoup, quand même elles n'ont pas d'herbe à manger. Nous apprenons que, non-seulement, la terre bénite de Ste-Brigitte guérit les bestiaux, mais qu'elle éloigne des étables les mauvais sorts, les méchantes gens et les sorciers. On y croit tellement, qu'on répand de cette terre à dix lieues à la ronde.

Les habitants d'Amay tiennent probablement beaucoup à leurs bestiaux, car ils ont encore St-Pompée, chapelain de Ste-Ode, vulgairement nommé St-Popé ou St-Copé. On lui recommande les cochons malades et ceux qui ne sont pas assez gras pour être tués à Noël.

Voici une des prières en usage :

>Binamé
>Saint-Popé,
>Fré dè bache
>Di m'pourçai,
>Rifez m'vache
>Dai, si v'plaît ?
>Fez qui m'trôie
>Batte mannôie !

—Ama wâde co tot près d'on p'tit pasai,
Ine veye chapelle coviète di vî mossai,
   Qu'est si veye, qu'est si veye !
Là, les cins'resse allet po leus pourçai
   Priî l'grand saint Pompeie,
Ach'ter l'sainte terre qu'on sème ès leus bachai.

Au village de Laminne, nous trouvons St-Bernard; on implore *St-Bernârd* pour la réussite des poules, des dindons et de leurs couvées.

En parcourant ce riche et plantureux pays de Hesbaye, nous visitons St-Gerlac dans le village de Horpael ; on va trouver St-Gerlac dans sa petite chapelle pour les chevaux, les vaches et les moutons.

Les paysans logés plus près du village de Verlaine vont prier St-Eloi pour les maladies des bestiaux.

Un peu plus loin, nous rencontrons des pélerins qui souffrent de maux de tête et d'estomac ; ils vont à Blustin prier les trois bienheureuses sœurs, ils repasseront par *Roloux*, où l'intercession de St-Jean est réclamée pour les maux de tête.

A Daumartin, St-Thibaud (*St-Tibâ*) guérit les enfants qui ont la coqueluche.

Dans notre excursion en zig-zag, nous rencontrons des vieillards souffreteux, marchant difficilement; ils se rendent à Chokier, ils vont demander à St-Marcellin de les débarrasser de leurs rhumatismes. Ce voyage doit se renouveler trois vendredis successifs, en faisant une neuvaine et des offrandes. Les présents sont les mêmes qu'aux temps des païens, des bras et des jambes confectionnés en bois, en fer et en argent (1).

(1) Le 29me titre de St-Eloi condamne la coutume païenne qui s'était introduite dans les églises d'offrir des *ex-voto* en forme de pieds, de mains taillés en bois ou en fer. — Cette coutume ne

Si les douleurs ne passent pas, il reste la ressource d'aller à Pousset, implorer Ste-Gotte, qui a pour spécialité la goutte, vulgairement *les gotte*.

Pour les clous et les maladies de la peau, une neuvaine à St-Job de Hoelbeek n'est pas à dédaigner.

A la Gleixhe, canton de Hollogne, Ste-Gertrude détruit les rats et les souris.

Mais les villages de Momalle et de Bodegnée ont mieux que tout cela : les paysans accablés de boutons et de *bôbôs* au nez vont prier St-Nazar à Bodegnée, *po les naze*; pour les maux de ventre, on s'adresse à St-Agrafâ.

La Hesbaye est un pays à part ; ils ont des saints pour eux seuls. Nous avons beau chercher dans l'almanach le Saint-*Fiv'lâ*, Sainte-*Gotte*, Saint-*Agrafâ* et Saint-*Nazâr*, nous n'en trouvons pas plus de traces que de Saint-*Breïât*, de Sainte-*Fiv'laine* (¹) ou de Sainte-*Matrice*. Nous allons de découverte en découverte.

Dans presque tous les villages, on nous mentionne l'un ou l'autre saint, reconnu bon à guérir une plaie ou bien un mal quelconque. Mais les

s'en est pas moins perpétuée ; on fabrique encore tous les membres du corps en argent estampé: oreilles, jambes, œil, bras, cœurs, pieds, jusqu'à des enfants au maillot, des vaches, etc., etc.

(¹) Ou bien Fiv'lenne.

remèdes varient peu : dirigeons nos investigations ailleurs. Bien nous en prend de nous adresser à un vieux farceur exerçant l'art de guérir, en dépit des commissions médicales, par des formules dévotes et des pratiques superstitieuses. Pour un peu d'argent, nous apprenons beaucoup de choses.

Pour la névralgie, tournez-vous une corde en boyau autour du cou. Elle doit être fine et faite d'un boyau de chat.

Si vous avez les lèvres gercées ou chargées de boutons, faites brûler un morceau de pain et placez-le bien chaud sur les lèvres.

Perdez-vous du sang en abondance, voici la prière :

Au nom du Père et du Fils et du St-Esprit, Amen. Trois bonnes nouvelles sortaient de Cana, en Galilée. La première disait ; il ira bien. La seconde disait : c'est fini. La troisième disait : il aidera bien ; s'il plaît à Dieu et à Marie, il s'arrêtera bien (¹).

---

(1) Om het bloed te doen stelpen :
In den naem des Vaders, en des Zoons, en des heijligen Geest. Amen.

Daes' kwamen drij maeren uijt Canna in Galliën

De eerste seij : het is gedaen, de tweede seij : het zal wel gaen.

De derde seij : het zal wel helpen; belieft het Godt en Maria, het zal wel helpen.

Segt dit gebet drij mael achter een en dan sult gij lesen negen Vader onser en negen Weest gegroet.

Dites cette prière trois fois de suite, puis vous réciterez neuf *pater* et neuf *ave*.

Pour les hémorrhagies, nous écrivons : *Jésus*, sur le front de la personne, après avoir trempé la plume dans son sang.

Pour les coupures : Trois herbes coupées d'une même plante, la première aperçue ; tracez avec les trois herbes une croix sur le front, une sur le nez et une sur la bouche, ensuite placez-les sur le cou.

— Les paysans et le peuple ont des noms pour les plantes : on n'est pas toujours à même de donner des indications précises, ne les ayant pas sous les yeux.

Pour les coupures, nous dit le vieux, *mettez delle sologne* (1) *so vosse koiheur*, vous guérirez.

Pour les panaris, les doigts blancs, faite cuire du *samson* dans du lait de beurre en forme de cataplasme : renouvelez trois fois le jour.

Pour arrêter le sang d'une large coupure, placez deux brins d'herbe en croix.

Appliquez sur les coupures *delle teule d'arincret*, de la toile d'araignée.

Pour arrêter les saignements de nez, levez les bras, ou bien placez un morceau de papier gris

---

(¹) Grande chélidoine.

sous la langue ; ou bien tenez les coudes derrière le dos, ou bien fourrez une clef dans le dos.

Pour les brûlures, reprend notre savant de village, quand je n'ai pas de l'huile bénite en l'honneur de St-Laurent, je dis en faisant le signe de la croix : — Brûlure ! Arrête ta rigueur comme Judas a changé de visage !

Autre moyen :

En appliquant du beurre dans les bonnes conditions, vous guérissez vos brûlures. Ecoutez et croyez : on doit prendre le beurre soi-même, sans le demander à personne ; si vous le demandez, il n'agit pas.

Ecoutez et croyez, redit le vieux.

Pour les brûlures, les maux jaunes, les croûtes sous le nez et toutes les misérables plaies, appelées dans tout le pays *les mâ d'saint Lorint*, mes *pratiques* se trouvent bien de faire une neuvaine à St-Laurent.

Pour la goutte, je fais prendre du thé avec des feuilles de chêne et je fais prier *Sainte-Gotte*.

J'ai toujours, chez moi, un remède pour déshabituer les femmes de boire du *pequet*, ajouta très-sérieusement le vieil empirique. Je laisse mourir une anguille dans une bouteille de bon genièvre, et quand les femmes viennent me demander le remède, je leur fais prendre un petit verre de la bouteille à large goulot, qui contient les restes de l'anguille. Je leur fais dire cinq *pater* et cinq *ave*; et si l'habitude n'est pas trop invétérée, je les guéris. Gardez-moi le secret, je vous en prie; c'est ce qui me fait vivre.

Pour détourner les hommes de boire des liqueurs fortes, une goutte de sang d'anguille dans un verre d'amer; ils seront dégoûtés pour toujours.

— Et dire qu'on rencontre encore tant d'hommes ivres avec d'aussi bons remèdes!

— Voulez-vous un autre secret? Eh bien! pour empêcher vos enfants d'avoir des convulsions, placez sous leur matelas un petit coussin, grand comme ma casquette, rempli d'herbes nommées la rue, *delle rowe*.

Pour purifier le sang, je fais boire, le matin, du thé de douce-amère, en mars et avril.

Pour reconnaître les méchantes gens, les sorcières, etc, nous semons, comme en Ardenne, une poignée de terre sur le seuil de la porte de l'église du village, un jour qu'il y a beaucoup de monde. Cette terre doit avoir été ramassée sur un cercueil : *li prumire térre qui tomme so l'wahai*. La sorcière ne peut quitter l'église sans appeler le semeur de terre, et sans enlever le mauvais sort qu'elle avait jeté.

Les personnes empoisonnées par les moules prendront un petit verre de bon vinaigre.

Je recommande de ne pas manger des pommes, des poires ni du sirop le jeudi et le vendredi saints. Si vous en mangez, Messieurs, croyez-le bien, vous serez accablés de clous.

Pour les crampes, placez au pied de votre lit, en dessous des couvertures, un balai (*on ramon*).

Un thé de feuilles du *bois à balai* est aussi très-bon pour les crampes.

Quand les enfants se font des bosses (*bourçai*) au front, nous faisons en Hesbaye comme à Liége, nous poussons dessus avec un gros sou et nous faisons des frictions avec du beurre.

Ici, nous ne guérissons pas l'érysipèle et les plaies bleues comme en Ardennes, avec un morceau de langue de renard ; nous employons les remèdes de Liége. Battre du feu avec le briquet, sur la jambe, en prononçant trois fois de suite : *Au nom du Père, du Fils et de la Sainte-Vierge, de Sainte-Foi et de Ste-Rose.* On répète ces mots pendant trois jours et l'on fait une neuvaine en l'honneur de Dieu et des trois saintes femmes nommées.

Ne pas oublier de commencer par neuf *pater* et de finir la neuvaine par un seul, en diminuant chaque jour. Faites-y bien attention.

Un de mes confrères de Liége, nous dit le vieux guérisseur, fait porter un marron sauvage ou une petite pomme de terre dans chaque poche du pantalon. Ce remède enlève les douleurs rhumatismales. Il fait apliquer une peau de chat (de *marcou*) sur le dos de la personne qui souffre de rhumatisme, le poil sur la peau.

Pour la jaunisse, je fais uriner sur une omelette faite *avou del sotte farenne*, ou bien sur une miche. On fait manger l'omelette ou la miche par un chien; le chien meurt et la personne est guérie.

Comme *amon Dolne*, Chaussée-des-Prés, nous faisons prendre, pour la jaunisse, une poudre grise qu'on verse dans un verre d'eau. Ne vous épouvantez pas si vous voyez de petites pattes flottant sur l'eau; ce sont des pattes de cloportes, qu'on n'a pu réduire en poudre. Cette poudre grise se compose *di pourçai d'câve broulés*.

Une neuvaine en l'honneur de Ste-Geneviève, terminée par un *pater*, fera un très-bon effet pour la jaunisse.

Nous devons omettre une quantité de remèdes pour cette maladie ; il y en a trop — ou ils sont trop dégoûtants (1).

Pour guérir les enfants qui transpirent de la tête, ici comme dans le pays de Liége, nous appliquons le bonnet de l'enfant, tout trempé de sueur, sur sa poitrine, ou bien nous portons

(1) Voyez pages 24 et 25.

l'enfant à St-Valentin, à Jupille. Prières et offrandes.

Donnez-moi la *dringuelle* (*trinkgeld*, le pourboire), dit le vieux guérisseur; je vous apprendrai une bonne recette.

— Qu'appelez-vous une bonne *dringuelle?*
— Un franc ! mes riches Messieurs.

Il nous flattait. — Voilà un franc.

— Quand vous aurez le ver solitaire, que le bon Dieu vous en préserve, il faut le prendre par la tête; sans cela vous n'avez rien. Ecoutez et croyez. Voici : Vous prenez un jeune poulet, vous l'ouvrez en deux, vous arrachez le cœur de ses entrailles, et ce cœur tout chaud, vous le liez à un fil et vous l'avalez comme une pilule, ce qui n'est pas chose facile. Votre ver solitaire vient gober le fin morceau, c'est absolument la pêche à la ligne ; dans l'estomac, *il bêche !* vous tirez doucement, doucement, et vous avez le ver par la tête. Le tour est fait !

Voici un remède avant la naissance de l'enfant : je le tiens de mon confrère de Liége, et je le trouve excellent. Vous savez si la croûte du lait dévisage les jeunes enfants ? Eh bien, dites à vos dames de ne pas manger de la viande de cochon pendant leur grossesse : *leus efant n'âront nin les seûye.*

— L'enfant qu'elles portent dans leur sein

porterait-il les marques de la peau du cochon couverte de soies, *les seûie di pourçai* ?

— C'est le bon Dieu qui le sait ; cela, je ne saurais vous le dire. Ce que j'assure, c'est qu'en pareil cas les enfants sont très-laids, et qu'à Liége comme en *Hesbaye*, il y a des femmes *qui frottet les moron di s'pale et qui qwèret les seûie, comme à l'campagne nos avans les r'wériheuse*.

Notre savant de village nous couvre de bénédictions, de signes de croix, de bons souhaits et *d'bonne aweûre*; en nous reconduisant, il nous recommande saint Nazar *po les nâzo*, puis Ste-Rose, Ste-Brigitte, St-Bernard et St-Antoine.

CHAPITRE X.

Huit jours après notre excursion à Huy et en Hesbaye, j'allai revoir mon excellent Corombelle, l'ex-batelier. Vers les six heures du soir, arriva le cultivateur de Saint-Maur ; installés près d'un bon feu, nous invitâmes Micheroux à nous conter les pélerinages qui se font aux environs de Liége.

Notre homme fit passer sa tabatière, puis, d'un ton solennel, s'exprima en ces termes :

— Vous savez qu'à Huy, Saint Fivelà a le mérite de guérir les petits enfants pleurnicheurs. A Liége, nous avons aussi une Sainte qui porte le nom populaire de la maladie. Sainte-Fivelenne à Grivegnée, à un pas de la ville, guérit la fièvre lente.

> Di Sainte Fiv'lenne avez-v oïou pârler ?
> C'est à Griv'gnêie, po l'veie, qu'il fât aller.
>   On fait bèni n'clicotte,
> Qu'on mette so l'cour dè p'tit qu'a trop choûlé.
>   On dònne mons qu'ine cahotte ;
> Après l'voyège, li pèce, èl' fât l'brouler.

Le 1er et le 9me jour de la neuvaine, on porte l'enfant malade à l'église de Grivegnée. Le premier jour, on fait bénir un morceau de toile qu'on applique sur l'estomac du malade ; le 9me jour, on brûle la loque bénite.

La statue représente la tristesse et la douleur ; elle a les doigts rongés, pour rappeler que les enfants accablés de cette maladie ont toujours la main dans la bouche.

Mais, Messieurs, si vous voulez voir un *laid* saint pour représenter la souffrance et les pleurs, voyez Saint-Breiât, à Andrimont, près de Verviers. Il guérit également les *mâgriant*, les *mâlignant* et tous les enfants qui pleurent les six premières semaines après leur naissance. — A Louvain et à Bruxelles, les mamans qui ne connaissent ni Ste-Fivelenne, ni Saint-Fivelâ, ni Saint-Breiât, font lire l'évangile de Saint-Jean sur la tête de leurs enfants.

Nous avons, à Grivegnée, Notre-Dame *dè l'plovinette* (1), qui attire beaucoup de gens de la campagne. On l'implore pour faire pleuvoir.

Quand les pâturages du canton de Herve ont besoin d'être arrosés, les habitants se réunissent en grand nombre et viennent en procession, croix

---

(1) *Notru-Dame dè l'plovinette*, Notre-Dame de la pluie.

et bannières en tête. Un prêtre les accompagne ; ils répètent le chapelet toute la route, de Herve à Grivegnée. On prétend qu'ils ne retournent jamais sans ondée ; s'ils sont surpris par un orage, personne ne quitte la procession : les pèlerins restent découverts et continuent leur chemin.

Dernièrement, le clergé de Herve a conduit processionnellement cinq ou six cents personnes à la Vierge de la pluie.

La bonne Sainte Vierge a beaucoup de peine à contenter tout le monde. Au mois d'août, du côté de Pepinster, les villages les mieux exposés, ceux qui avaient récolté, priaient pour avoir de la pluie, tandis que les habitants des endroits moins précoces invoquaient tous les saints pour la continuation du beau temps. Les villageois, d'un côté comme de l'autre, faisaient des processions pour demander deux choses différentes ; les uns la pluie, les autres le soleil. Par malheur, les deux processions se rencontrèrent ; les paysans qui les formaient furent bien près de se servir des flambeaux en guise de bâtons de combat. Il fallut les calmer et les remettre dans le chemin de la paix.

De Grivegnée, passons à Chèvremont. De tous les pèlerinages de la province de Liége, celui de Chèvremont est sans contredit le plus fréquenté ;

on y rencontre du monde toute l'année. La cohue est grande, surtout le lundi de Pâques, les jours de la fête de Chênée et la nuit des vendredis de carême, principalement du vendredi saint.

> Li londi d'Pâque on veut ine procession ;
> I montet l'thiér ou vont magnî n'pôtion
> D'michot, d'lârd ou d'dorêie.
> Qui n'a nin s'tu so l'thiér di Chivrimont,
> Priî l'Vierge adôrêie,
> Mette ine chandelle po z-avu n'homme foû bon.

La montagne de Chèvremont s'élève à une hauteur considérable, vers Chaudfontaine. Avant d'arriver à la chapelle où se trouve la Madone vénérée, les pélerins se reposent sept fois, en priant aux sept niches formées de grosses et lourdes pierres de taille. Ces massives *potales* renferment des peintures cachées par des barreaux en fer, représentant des scènes de la passion.

> A Chivrimont, c'est là qu'on va gèmi,
> Qu'on va priî po s'pére qui deut mori
> Màgré totes les méd'cenne ;
> C'est là qu'on court qwand on a pris s'pàrti
> Avou, n'tote jône Jihenne;
> Amon Nonôre on court po s'diverti.

Notre-Dame de Chèvremont est la confidente universelle. On s'adresse à elle pour toutes les douleurs, toutes les peines, toutes les maladies ; on lui demande toutes les satisfactions, tous les succès, parfois au prix du malheur ou de la ruine du prochain. On la prie pour gagner son procès, pour avoir un bon numéro à la milice (ce qui obligera un pauvre à entrer dans l'armée). On l'invoque pour avoir la chance d'acheter à bon compte et de revendre très-cher. Voulez-vous que vos fils ou vos frères passent leurs examens avec la plus grande distinction, que vos filles se marient à des hommes riches et puissants? Comptez sur elle. La Madone renommée reçoit aussi les ferventes et discrètes prières des jeunes filles Un fort, un *binamé galant*, s'il vous plaît !

— J'ai vu prier pour de vraies douleurs, moi, reprit Corombelle :

> A Chivrimont, à haut di c'bai pays
> Tot à fait v'mône et v's égage à priî :
>   On est si près de cire !
> Là, quéqu' manège ès doû, tot affligi,
>   Po ses moirt fait l'priîre ;
> Là, c'est à crosse qu'in 'aute monte, mesbrigî.

A mon dernier voyage, répondis-je, en février, une charmante jeune fille vint nous distraire. Les doux soins que lui prodiguait le jeune pèlerin qui l'accompagnait, la mère priant avec ferveur, tout nous disait : c'est le pèlerinage avant la noce. Ah !

Messieurs, quel beau groupe, quel tableau de bonheur! il ne fallait pas être sorcier pour deviner toutes les demandes qu'ils adressaient à la Madone. La mère de la jeune personne, éloignée de quelques pas, disait à demi-voix :

> Dinnez, bonne Vierge, à ces deux jônès gins
> Une hureuse veie ! qui leus bons sintiment
>   Ottant qu'leus jou duresse !
> Qui l'onk et l'aute ni trouve des bons moumint,
>   Dè plaisir et dè l'fiesse,
> Qu'essonle, et ça, soixante annèie di timps.

Avant 1830, reprit l'ex-batelier, nos dames liégeoises emportaient dans leur *ridicule* cerclé d'argent des pâtisseries, plus un petit sachet de café moulu. Ces fines bouches craignaient, sans doute, de ne rien trouver d'assez frais pour se réconforter en route, après avoir sollicité les bonnes grâces de la Sainte Vierge de Chèvremont. Les établissements d'alors n'avaient qu'à fournir de l'eau bouillante pour un ou deux sous ; faites donc fortune avec un commerce comme celui-là. N'oublions pas de rappeler que ces dames prévoyantes avaient soin de surveiller la marchande d'eau cuite, dans la crainte que celle-ci ne détournât une pincée de leur moka.

Une maison très-renommée à l'époque des *ridicules* (des sacs) c'était *amon Nonôre*, petite femme aussi active que contrefaite, et aussi propre que la collection de coquemars qui garnissait son établissement. Son minime bénéfice ne l'empêchait pas de vous combler de bénédictions; elle reconduisait les pélerines en disant : *A r'veie savez, Madame, qui l'bon Diu v'kidûse; elle vis aideret, l'binamaie, Notru-Dame di Chivrimont. Po n'aute feie, s'il v'plait bin.*

Si nous entrions dans les petits détails, nous dirions que le commerce de Vaux-sous-Chèvremont avait mille ressources : la fabrication des clous et des omelettes au lard, la vente de petites Vierges en os et en terre cuite, les médailles, que sais-je ? surtout la mendicité en grand.

— Je ne leur donnais jamais, moi, à ces pleureuses, *(ces plorâde)* dit Micheroux; quand j'allais pélériner pour les gens, elles me connaissaient.

— Déjà à vingt minutes de la montagne, on est suivi de deux ou trois familles en guenilles et nu-pieds. Ils nasillent à l'unisson des *pater* sans interrompre leur conversation. — Par exemple : *Ine pitite charité s'il v' plaît ?*

Notru Pére qu'est â cir (Rotte donc, pindârt), qui vosse volté seue faite à la térre comme â ciel. (Poirtez-me, mére ?) — (Rottresse, ou ji t'kiboie!). Donnez-nous aujourd'hui notre pain de tous les jours et pardonnez-nous , — (*Ine tâte, mére ?*)

— *(Taiss-tu, ou ji va t'bouhî ès térre.)* — *Po n'pauve mére qu'a dihe efant !*

Là-bas, deux autres femmes se disputent. — Sainte-Marie pleinte de grâces, le Signeur est avec vous *(Vousse dimani so li drî, putenne! ji so d'vant ti).* — *Ine pitite charité, s'il v'plaît ?*

— *Loukiz don l'veye brouhagne qui n'vout nin m'leyî wâgnî m'veie.* Vous êtes bénie entre toutes les femmes *(Volez-v' rescouler, veye trôye ?)* Sainte Marie, mère de Dieu *(N'allez don nin si près d'madame)...* et le fruit de vos entrailles est béni.

— *Taiss-tu, mâhonteuse, lais priî les gins, c'est l'pèquet qui t' fait jâser.* — *Ni volez-v nin des chandelle, nosse dame ?*

— *Fez vosse pitite charité, dai, s'il v'plait, binamaie madame, à l'honneur di Diu et d'la Vierge.* — *A n'aidant mes chandelle.* — Pauvres pécheurs, maintenant et à l'heure de note mort, ainsi soit-il. *Merci, binamaie!* (à part) *Qui coula ! loukîz donc, l'pèleie, sept censs! ji sohaite qu'elle sitrônle avou l'doréie qu'elle va s'hèrer es coirps ! sept censs, loukîz ?*

— Puis toujours et toujours : *Ine pitite charité, s'il-v' plaît !*

En revenant vers Chênée, nous fûmes attirés par les sons d'un orgue expressif; il y avait une belle chapelle toute récente; c'était une rivale, une nouvelle Vierge! c'était enfin Notre-Dame de la Salette! Mais la nouvelle Madone, à ce qu'il paraît, ne fait aucun tort à l'ancienne.

Vous voyez, Messieurs, partout la concurrence; dans les chaumières, sur les trônes, pour le pouvoir, pour toutes les influences !

— À vous, monsieur Micheroux !

— Eh bien ! je vais vous conduire à deux pas d'ici, dans mon vallon de Saint-Maur et sur les coteaux d'alentour.

Tous les ans, le 15 et le 16 mai, de la ville et des environs, on se porte en masse dans les petits sentiers bordés de haies qui conduisent à la chapelle. Ces chemins tortueux sont charmants, je vous engage à les parcourir : c'est une surprise à chaque pas ; tantôt la vue est bornée par des massifs de verdure, tantôt, par une des trouées, on jouit de perspectives admirables. Quant à la chapelle de Saint-Maur, si vingt personnes y sont à la gêne, de riantes guinguettes ouvrent leurs jardins et leurs prairies à cette foule joyeuse. Si des centaines de tables et de bancs rustiques ne suffisent pas, l'herbe fleurie sera la nappe du festin. Quelle franche gaîté ! Comme le grand air, le bon air du printemps, les grands verres de bière, les petits verres de léger *pequet* animent et vivifient tout ce petit monde, bien autrement heureux que les *bobelins*, les joueurs et les amazones de Spa !

— Comme vous vous échauffez, monsieur Micheroux !

— Ah ! j'aime mon village, moi. Cette année encore, Messieurs, les provisions de bouche ont fait défaut ; des courriers (à deux jambes) descendaient en ville à chaque instant, pour enlever tous les fonds de magasin : pains, jambons, œufs, gâteaux, tartelettes, tout ce qui pouvait se mettre sous la dent. Si Saint-Maur ne guérissait plus les boiteux, on pourrait aller le trouver pour gagner de l'appétit.

Hâtons-nous de dire que les vrais pèlerins sont au rendez-vous dès quatre heures du matin, à prier, à entendre la messe, à se laver les jambes dans une petite mare d'eau très-salutaire, dit-on. Voici la complainte :

> C'est à Saint Môir, on dit qu'on a veyou
> Monter à crosse; et qwand ou l's a pindou
>   A clà qu'est à l'chapelle,
> Li halé danse et court comme on pierdou ;
>   Il n'est pus haridelle.
> Mais l'bloc tot plein, qui l'âret raskoïou ? (¹)

(¹) La chapelle est englobée dans une propriété particulière.

> Les flâwès jambe et les mustai cassés,
> Les mâ tournés, les mimbe tot fricassés,
> Tot crohî et fou sqwére
> Allît s'trimper, passer et rapasser
> Divins l'potai d'saint Môir :
> On z-y va co; on pàie, mais po danser.

— J'ai vu la chapelle, dis-je à Micheroux; elle n'a rien que de fort ordinaire. La seule chose qui attire les regards, c'est un tas de bâtons, de béquilles, de crosses et autres vieux bois propre à faire du feu, dont les pélerins guéris ont fait hommage à leur bienfaiteur.

— Oui, répondit Micheroux; du temps de ma mère, nous prenions le trop plein pour nous chauffer en hiver.

— Une inscription latine au dessus de l'autel se traduit par ces mots : *rien sans Dieu*. 1673.

— Cela est possible, Monsieur ; mais les petites gens ne savent pas le latin ; ils ne s'adressent qu'à Saint-Maur. La messe ne se disant qu'une ou deux fois l'an, nous avions un grand ouvrage, ma mère et moi, à nettoyer la cloche d'appel qui se trouvait si remplie *d'arincret* (toiles d'araignée) et de poussières, que, sans un grand nettoyage, les sons, loin d'être argentins, n'auraient pas été entendus.

Les vieux livres de saints de chez mes parents,

reprit l'ex-batelier Paschal, étaient la source de nos croyances : je crois devoir vous dire qu'un serviteur nommé Sergius, tombé de cheval, alla donner contre un rocher qui lui cassa tellement la jambe, qu'il n'y demeura pas seulement la forme d'un pied ! Saint-Maur vint bénir le blessé et le guérit à l'instant.

Dans un autre vieux livre, le Père Bouille raconte qu'en 1609, un bourgeois de Liége, voulant s'acquitter d'un voyage ou pélerinage, à l'insu de sa femme, alla se dépouiller de ses habits, auprès du monastère des Dames du Val-Benoît. Tout en faisant croire à un crime, il devenait libre comme l'air. Trois ans après, sa femme et ses proches, ne doutant plus qu'il n'eût été assassiné, soupçonnèrent l'ermite de St-Maur, parce qu'il portait le manteau du mari qui avait fait *barette* (1).

— Le farceur !

— Les douleurs de la torture arrachèrent un aveu au malheureux ermite, qui désigna l'endroit où le pélerin avait été enterré ; mais on ne trouva aucune trace de cadavre.

Les juges allaient recommencer l'instruction, quand on reçut des lettres annonçant le retour du vagabond de mari par la barque marchande.

(1) Faire *barette*, école buissonnière.

— Où diable était-il allé pendant trois ans ?

— Il y eut une foule de monde à sa rencontre ; on le reconduisit en triomphe dans les bras de sa femme.

Le pauvre martyr fut délivré; il sortit de prison, mais sans le plus petit triomphe et à moitié mort.

— Quel mauvais temps que celui-là ! murmura Micheroux tout pensif.

— Si vous ne connaissez plus rien sur St-Maur, montons à Ste-Balbine.

Vous savez que la chapelle de Ste-Balbine se trouvait sur une croupe de montagne, entre le faubourg Ste-Walburge et le haut de la rue Pierreuse ; elle a été démolie et remplacée par les constructions de la citadelle.

Un os de la sainte renfermé dans un tube en verre, telle est la relique qu'on donnait à baiser dans les cérémonies de la neuvaine. — Ecoutez la complainte :

I.

A Sainte-Bablenne po todi bin houter,
On fait si-offrande qwand l'curé vint quêter
   Po tos les mâ d'oreye.
On va bâhi in ohai qu'est cach'té,
   Resserré d'vins n'boteye :
On dit qu'c'est bon, crèïans qu'c'est l'vèrité.

2.

C'est à meû d'maie, âx prumî joû d'bon timps,
Qui les voyège nos rindet l'pus contints.
  On dit qu'les jônès feye
Di cial et d'lon, dihît à leu parint :
  Pére, j'a mâ mes oreye !
A Sainte-Bablenne minez-me, ça m'fret dè bin.

3.

Des mâlès linwe, les gins dè timps passé,
Vinront nos dire qui c'esteut po danser,
  Et rôler so l'praireie ;
Qu'à Sainte-Bablenne fôirt pau avît tuzé....
  C'est totès calinn'reie !
C'est po l'oreye qu'on alléve s'amuser.

C'est toujours vers cinq heures du matin qu'on se rend à ce pélerinage, dans les beaux jours du mois de mai. Les violons des guinguettes se marient très-agréablement au chant des rossignols, qui semblent avoir choisi ces réduits verdoyants pour salle de concert.

Au commencement de notre siècle, la bonne bourgeoisie se donnait rendez-vous à cette fête. Il y avait de grandes prairies, tant sur le plateau que sur les pentes de la vallée. L'une des plus connues s'appelait : A ma campagne, *amon Lakaie*. On y déjeûnait, on y dansait ; enfin il n'y avait pas de fête plus gaie, d'après les personnes de l'époque.

— C'est bien la vérité, répondit le batelier : j'ai pris part plus d'une fois à cette fête matinale. On y apportait de quoi se restaurer: *Ine cahotte di molou cafè, des michot â bourre ou des waffe.— Amon Latour ni vindît qui l'chaude aiwe et l'lessait.*

— Dans ses *Promenades historiques*, le docteur Bovy, dis-je à mon tour, nous en donne une charmante description. Il décrit les blouses bleues des paysans, se mêlant aux toilettes printanières des citadins et présentant la plus singulière bigarrure de couleurs. Des flots de pélerins se dirigeaient vers la chapelle ; d'autres, renonçant à y trouver place, se mettaient à genoux en dehors ; mais le plus grand nombre prenaient leurs ébats dans les cabarets. On y voyait des groupes assis à l'ombre des ormes et mangeant les provisions apportées. Ensuite, après avoir jeté un coup d'œil sur les tentes dressées tout exprès, où l'on faisait cuire des saucisses et des œufs, sur les marionnettes, les jeux de bagues, etc. etc., Bovy se fait l'écho des cancans d'alors : n'allait-on pas jusqu'à dire que le pélerinage à Ste-Balbine, n'était pas sans quelque influence sur la population !

— Des voyages que nous ne faisions pas aussi souvent, reprit Micheroux, c'était à Hal, à St-Roch et à St-Hubert : ils se payaient mieux. Ma mère allait annoncer son pélerinage à ses pratiques ;

l'une donnait dix sous, l'autre deux francs, quatre francs ; on rapportait des médailles bénites ; en fin de compte, on gagnait bien sa vie. Comme j'aimais le grand air des Ardennes ! j'ai du plaisir à en parler. La dévotion à St-Hubert est restée très-grande dans nos populations. Le 3 novembre, fête de Saint-Hubert, et surtout des chasseurs, l'église de Ste-Croix est toujours trop petite pour contenir les fidèles.

— Nous ne voyons plus autant de chiens brûlés à la tête.

— Cela est vrai ; cependant, l'été dernier, une de mes connaissances est allée à Ste-Croix avec son caniche : on y brûlait de petits ronds sur les têtes des chiens. On donne cinquante centimes, on fait une neuvaine pour sa bête, puis on lui fait manger du pain qu'on a fait bénir. — Voici la recette :

> A Saint-Houbert, on fait l'nouvaine po s'chin ;
> Prix : on d'meie franc, avou n'cléf l'sàcristien
>   Li broûle on rond so l'tiesse.
> D'on fin michot, à jeunn, so l'à-matin,
>   Noûf joû vos d'nnez à l'biesse ;
> L'michot bèni est on r'mède qu'il aime bin.
>
> Si vos avîz ine mâle hagneure di chin ;
> Si n'biesse malàde vis aveut d'nné s'venin,
>   C'esteut l'grand Saint-Houbert
> Qui r'wèrihéve les arègî côps d'dint.
>   Creure à Saint qu'est ès l'air,
> C'est l'confiance qu'on accoide à s'méd'cin.

Vous savez, Messieurs, qu'un très-petit bout de fil de la sainte Etole introduit dans le front d'une personne mordue par un animal enragé, est regardé comme un remède infaillible contre l'hydrophobie ; mais, disent les centaines de livres sur St-Hubert, il faut observer sévèrement les prescriptions de la neuvaine.

Il faut communier, se coucher seul en draps blancs ; il ne faut pas se baisser pour boire aux fontaines ou aux rivières. On ne doit pas se peigner les cheveux pendant quarante jours, etc. etc.

La légende raconte que l'Etole, qui ne diminue jamais en longueur, fut apportée du ciel par un ange qui la donna à St-Hubert priant au tombeau de St-Pierre, à Rome.

Je ferai mieux de vous renvoyer consulter les nombreux ouvrages publiés sur St-Hubert. Vous y apprendriez qu'il est défendu d'étouffer les personnes tombées dans la rage ; que l'expérience journalière fait foi, que l'on invoque ce grand Saint avec succès pour la guérison des troubles d'esprit, des possédés, obsédés, maléficiés, autrement dit, tourmentés des artifices du démon, affligés du mal caduc ; pour les douleurs de dents, le mal de tête et autres maladies analogues, la folie, etc., etc.

— Une ancienne coutume, dit le batelier Corombelle, c'est qu'à la Pentecôte, la Confrérie de Liége partait à cinq heures du matin de l'église St-Hubert (Ste-Croix) pour les Ardennes.

« Les deux maîtres et les autres officiers devront faire le voyage à leurs frais ; ils empêcheront les désordres, crieries, clameurs et friponneries ; ils auront soin qu'on se comporte chrétiennement en un pèlerinage si important.

» On conduira processionnellement les pélerins, nous dit le livre de la Confrérie, en chantant les litanies et autres prières jusqu'à l'église de Saint-Christophe, où on laissera l'image du saint. On prie les confrères et les dévotes d'y assister avec des flambeaux et d'aller reprendre la même image le mercredi au soir, jour du retour. Les maîtres auront soin de faire la quête dans la ville et parmi le pays, pour faire une offrande au grand Saint-Hubert, aux Ardennes. » Cette procession en pèlerinage à St-Hubert a été défendue en 1785, par Joseph II.

— Ce qu'il y a de plus vrai, reprit Micheroux, c'est que le peuple, dans sa plus grande colère, pour vous souhaiter tous les plus grands tourments, dit : *Qwand v'n' arègîz nin dè grand mâ d'St-Houbert ! ! Ji voreus qu' t' arègeahe !*

En 1793, quand les apôtres de la *Raison* déclaraient qu'ils ne croyaient ni à Dieu ni à diable, les gens du peuple les laissaient dire ; mais quand ils s'en prirent à St-Hubert, on faillit leur faire un mauvais parti.

Puisque nous sommes dans les Ardennes, je vais vous dire la complainte de Saint-Roch.

— Après ce pélerinage, mon fils Micheroux, il sera temps de partir, nous dit Corombelle, en tisonnant le feu.

— C'est convenu.

1.

Des saint k'nohou avâ l'monde, tot costé,
Qwand l'choléra ni v'lait pus nol sûr'té,
 C'est Saint-Roch qu'est l'pus maisse !
On n'songe qu'à lu, tot l'monde li vout poirter;
 On vude ses poche et s'caisse;
Les paûvrès gins po Saint-Roch vont quêter.

2.

Qwand Saint-Roch vout, li pesse deut rescouler !
So l'côp ! so l'côp ! li mâ deut revoler
 Il rèchesse li pufkenne.
Puis vos veyez les méd'cin qu's'ont sàvés,
 Riv'nî fer d'leu narenne ;
So l'doux maláde, on les veut v'ni cover.

3.

A c'te heure, portant, Saint-Roch est tot rouvi ;
Gn'y à qu'ès l'Ardenne à pus pauve des pays,
 Qu'il r'çût co quéquès pèce.
Fou d'maladeie, gn' y a pus des Saint-Roki.
 Mais qwand c'est l'môirt qui chesse,
C'est tot près d'lu qu'on court po s'agèni.

Saint-Roch est surtout imploré et fêté en temps d'épidémie. Dans nos rues et nos faubourgs, les enfants s'amusent, le 16 août, à ériger de petits autels sur des tables et sur des chaises ; ils quêtent pour Saint-Roch. D'autres disent avec plus de franchise : *Po l'âté dè gosî, s'il v' plait.*

— Je crois devoir vous interrompre, Micheroux, dit Corombelle, pour vous conter ce que nous disaient les écrits de mon temps. D'après un livre sur la vie de St-Roch (¹) imprimé au siècle passé, une grande partie du corps du Saint miraculeux, demandé par le prince Erard de la Marck, reposait au monastère de Bernard-Fagne, lez-Liége.

— C'est toujours bon à savoir.

— En 1848 et 1849, la révolution de Paris avait porté un rude coup aux affaires ; le choléra faisait de nombreuses victimes ; les objets de luxe étaient entièrement tombés, en Belgique comme en France. Un de nos amis eut l'idée de faire fabriquer des quantités d'*ex-voto*. Les *ex-voto* s'écoulèrent par milliers ; il eut la satisfaction d'occuper ses ouvriers tout le temps de la crise et de pouvoir dire :

Gn'y a nou timpesse qui n'vinsse à pont.

— C'est un bien usage ancien que les *ex-voto*,

(¹) *Abrégé de la naissance, vie et mort du glorieux St-Roch.* Liége 1738 in-12.

dis-je à Corombelle. Rappelons-nous que St-Eloi condamne déjà la coutume païenne qui s'était introduite dans les églises, de suspendre aux autels des offrandes peintes en forme de jambes, de pieds, de mains, taillées en bois. Aujourd'hui ces *ex-voto* ont conservé les mêmes formes ; seulement ils sont estampés en argent.

—En avant pour les Ardennes ! reprit Micheroux. Pour être en temps utile à St-Roch de Bernard-Fagne, le dernier dimanche de septembre, des quantités considérables de pèlerins partent de Liége et de toute la province, dans la journée du samedi. Il s'agit de se trouver à cinq heures du matin à la messe qui commence la neuvaine.

A peine avez-vous dépassé les dernières maisons de la ville, que vous rencontrez de nombreuses compagnies d'hommes, de femmes et d'enfants. La nuit, ces cohortes marchent à la suite de guides portant des torches allumées ; parfois un chef de bande prie à haute voix en défilant son chapelet ; le reste de la troupe bourdonne les réponses ; à ces voix sombres et monotones, serpentant dans les chemins tortueux des montagnes, viennent se mêler des voix rauques et des cris sauvages ; ce sont les pèlerins en goguette qui visitent trop de *chapelles* : ils désignent ainsi les cabarets, qui restent ouverts toute la nuit.

— Vous me rappelez les grands pardons de la Bretagne.

— Bien possible. Le jour du pélerinage est le seul de l'année où ce pauvre, mais beau pays, donne quelque signe de vie ; les habitants des cabanes longeant les routes qui vont à St-Roch, considèrent cette époque comme la meilleure de l'année.

Les éclats de rire des joyeux compères, les cantiques, les blasphèmes de ceux qui sont excités par la boisson, le tapage des citadins voulant forcer les portes des paisibles Ardennais, et parfois les dépouiller de toutes leurs provisions, tout cela offre un étrange spectacle : les uns partent en oubliant de payer la consommation ; d'autres jettent des gaules après les arbres pour marauder les fruits. Les cris des voleurs et des volés, les refrains décolletés des ivrognes se mèlent aux chants cadencés des confréries qui prennent le pélerinage au grand sérieux. De loin, les clameurs et les psalmodies se confondent et ne forment plus qu'un murmure vague, sourd et confus, mais d'un puissant effet, que je renonce à vous décrire.

Si St-Roch s'avisait de leur demander des détails sur la nuit d'orgie qui vient de se passer, sur le bien et le mal qu'on y a fait, sous prétexte de l'honorer, il pourrait bien voir son église déserte ;

les trois quarts au moins des pélerins et des pélerines se sauveraient pour ne pas avoir à lui répondre. Quelle nuit, grand Dieu !

Passons. Nous voici au dimanche matin. On est fatigué d'avoir marché du coucher au lever du soleil ; on est plus tranquille. Le plateau est couvert de monde ; on écoute la messe. Cependant les tentes se forment et s'alignent ; les tables se garnissent. Après la messe, c'est comme un marché qui s'improvise autour de l'Abbaye ; chacun se régale de gaufres, de pains d'épices, etc., etc. — Puis en route pour le retour.

Vers le soir, voyez-vous ces pélerins fatigués et tout couverts de poussière ? Les chapeaux sont garnis de verdure, mais les figures sont fanées comme après une nuit de carnaval. Les bannières triangulaires, en papier, représentant St-Roch et l'abbaye de Bernard-Fagne, flottent au vent. Les bâtons sont entourés d'herbages nommés *patte di chet* (lycope.) Ces bâtons entourés de lycope certifient le pélerinage ; ils disent : nous venons de faire 15 à 20 lieues pour implorer le glorieux St-Roch.

Puis on entend dire : *Vorcial les Saint-Rokî ! i gn'y a wère tant qu' l'annéie dè cholerâ.*

— Oui, M. Micheroux ; mais dites donc qu'en temps d'épidémie, vos *Saint-Rokî* ne reviennent pas tous...

— L'argent est-il toujours aussi rare dans les Ardennes ?

— A peu près : le commerce d'échange se fait encore. Le petit cultivateur porte ses œufs, le surplus de ses pommes de terre, ses fruits et ses jambons, chez le gros négociant, pour les troquer contre de la toile, des vêtements, du savon, etc., etc. Il y a des paysans qui n'ont jamais compté cinquante francs en leur vie.

— Il y a dix ans ou un peu plus, dit le vieux batelier, le bonnier de terre se payait quelques francs. Pour vous donner une idée de la rareté de l'argent dans ce pays, un habitant me disait : si quelqu'un voulait m'offrir 20 pièces (vingt *couronnes* de France) une fois à donner, je me chargerais de nourrir le donateur sa vie durant. Et pour moi, ajoutait l'Ardennais, ma fortune serait faite. Ceci est historique ; mais on ne dit pas si des bécasses auraient figuré sur le menu d'une pension viagère payée 20 écus de six livres.

Il est près de dix heures ; Madame Corombelle, qui était allée faire sa partie de cartes au voisinage, vient de rentrer. Chacun se retire avec les souhaits d'habitude.

CHAPITRE XI.

Le lundi suivant, je retournai à la soirée chez l'ami Paschal Corombelle. Je le trouvai occupé, avec Micheroux, de St-Maur, à se rappeler les saints qui avaient la réputation de guérir nos bons Ardennais.

— De St-Roch, revenons vers Spa. — Je vais, dit Micheroux, commencer par vous dire quelques mots de St-Remacle de Spa. « En foulant une roche, ce saint y laissa miraculeusement l'empreinte de son pied. Cette empreinte se montre encore actuellement, sous le nom de *pied de St-Remacle*. D'après la tradition, ce serait depuis qu'elle a été bénite par le dit saint que l'eau de la Sauvenière guérit la stérilité (1). »

Quant à moi, j'ai toujours entendu dire que les femmes qui désiraient avoir famille devaient

---

(1) *Histoire de la commune de Spa*. Nouvelle édition. Liége 1860, in-8.

placer leurs pieds dans l'empreinte faite par le pied de St-Remacle. Cette coutume se pratique seulement depuis deux ou trois siècles; la pierre en est toute usée.

Le peuple raconte :

> On va-t-à deux, à cabasse, sins bâbà,
> Trover l'grand saint qui s'trouve àx aiwe di Spà.
> J'ôs bin qu'il fait miràke !
> Les feumme mariêies qui d'mandet on pàpà
> Vont à l'pire di Saint-R'màke.
> Les cisse qu'y vont, savet çou qu'ell's-y fàt.

De Spa au village d'Oneux, il n'y a qu'une lieue à faire ; là, nous trouverons Saint-Georges, dont les fonctions sont les mêmes que celles de Sainte-Balbine de Liége. On place sur la tête du pèlerin souffrant du mal d'oreille, une couronne en fer, très-lourde et garnie de pointes ; il doit faire trois fois le tour de l'église, avec sa lourde coiffure.

> Saint Geoire d'Oneux riwèrihe les sourdaud ;
> Vos d'vez prii, dinner pau ou baîcop,
> Po vos *mâlès oreye*.
> Divins l'chapelle on v'pormône deux treus côp,
> Avou n'coronne d'ourtèye,
> Faite di crou fier, qu'ès l'tiesse freut bin des trô.

Il paraît que Saint-Georges fut placé dans une roue armée de rasoirs.

— Dans ces temps-là, on laissait croître sa barbe.

— C'est possible; mais j'ai lu dans le livre des saints, *des rasoirs*. De plus, on lui roula une grosse pierre sur le corps, on l'enterra dans la chaux vive, et Saint-Georges sortit néanmoins victorieux de tous ces supplices. Il entra au temple des idoles et renversa toutes les statues.

Avez-vous ouï parler de Tancrémont, près de Theux? J'y suis allé avec ma mère en pélerinage. On va prier un grand Christ pour obtenir du beau temps. Voici l'origine de cette dévotion. On avait eu l'idée de transporté la sainte image à Theux; or, la pluie ne cessa de tomber à torrents, jusqu'à ce qu'on l'eut restituée à la chapelle de Tancrémont.

On bai Chrussfix esteut à Tancrémont,
Qwand tot d'on côp, les gins d'Theux trovît bon
D'enn'ôrner leu z-église.
Mais v'là qu'il ploût six samaine so l'canton !
Po les dinreie quélle crise !
On r'poirta l'Christ, et l'on z' ava l'pardon.

Connaissez-vous la légende de Saint Breïât, d'Andrimont près de Verviers ?

A n'Andrimont on trouve po les èfant
Qui sont haīāve, haipieux et malignant,
On laid Saint plein d' doleur.
C'est Saint Breīât qu'en n'ès fait des renant;
On n'ôt pus nouk qui pleure.
Après l'nouvaine, quéque chandelle, quéque aidant.

La figure du Saint est loin d'être belle ; c'est l'image de la douleur et de la peine. Les mères vont là en pélerinage, chargées de leurs enfants *difficiles*. On fait aussi la neuvaine pour les nouveaux-nés qui pleurent tout le temps des six premières semaines après leur naissance.

— Je crois, Micheroux, que nous avons déjà parlé de Saint Breïât ?

— C'est bien possible, mais en nous rendant à Verviers, il fallait bien le saluer en passant.

Vous connaissez l'église des Pères Récollets, à Verviers ? Eh bien ! elle possède une statue miraculeuse, une Vierge noire. Son nom populaire est : *li neure Mareie*. Il y a quelques années, la Vierge était fort enfumée par les milliers de chandelles qu'on brûlait en son honneur. Quelques personnes décidèrent qu'il fallait la faire gratter ; on recueillit avec grande précaution les *grattures*, et de cette grasse et sainte poussière, mélangée à une grande quantité de plâtre, on fit mouler des petites *neures Mareie* qui furent très-recherchées et rapportèrent beaucoup, je vous assure.

Les guérisons miraculeuses attribuées à la Vierge noire sont en très-grand nombre et très-variées.

Écoutez : Elle guérit les maux d'yeux, même la cécité, la goutte, les flux de sang, la surdité de naissance, les enfants incurables, la dyssenterie, la double hernie, la fièvre, etc., etc. (¹). Il faut bien le croire, puisque tout est prouvé par des titres authentiques rédigés par devant notaire ! « Idelette Grosoneux, épouse Lescrenier, a ratifié par serment solennel prêté entre les mains des échevins, et par devant notaire. »

— Oui dà !

— Laissez-moi achever. Des témoins ne sont-ils pas venus déclarer en 1696, qu'avant le tremblement de terre de 1692, la Vierge avait changé ses bras de position? Idelette Grosoneux atteste également, en présence de Jonkeux, de F. Bellefontaine et du notaire Jossart, que la Vierge a changé de couleur. Mais je vous renvoie à la *Notice historique*, et je vais finir par la complainte. Ecoutez:

<blockquote>
C'est à coron, à coron dè pays
Qu'on va troyer Notru-Dame di Vervî,
Noummeie li neure Mareie.
Si neur visège, on n'l'a polou cangî;
C'est po coula qu'on l'preie.
Li sèwe broule là, qu'on châr sereut chergî.
</blockquote>

(1) Pour plus de détails, voyez la *Notice historique* publiée en 1862, vol. de 331 pages.

Là quéqu'anneie on s'mettat à gretter
So l'neure Mareie, li sèwe qu'aveut gotté ;
   Dès bonnès sainte haveure,
On r'fat des Vierge; on v'na bin vite ach'ter
   Des bèneiès posteure;
Prusteies di grâce, elles ont bin rappoirté.

Li neure Mareie di plèce cangea ses main ;
Ci fout l'miråke qu'ont prové baicôp d'gins,
   Après l'trimblumint d'terre.
Elle a r'werou rompeur et crouffe åx rein,
   Egrouelle et må d'nièr.
C'est d'vant notaire qu'on passa les siermint.

Voici, en gros, la liste des saints qu'on implore dans les villages des environs de Verviers. Vous en connaissez déjà quelques-uns.

A Dison, on implore St-Fiacre pour les coliques.

A Thier-du-Mont à Dison, Ste-Rwesmelle, Id.

A Grand-Rechain, St-Pierre pour les frissons.

A Chaineux, Ste-Agathe pour les seins.

A Thimister, Ste-Barbe pour la bonne mort ; on bénit des miches pour les hommes et les bestiaux.

A *l'chapelle Magrite-Diet, âx Brouwire*, près Rechain, on s'adresse à Ste-Marguerite pour obtenir des accouchements sans douleurs.

A la Minerie, on va prier St-Henri pour la rate et Sainte-Plovinette, ou Notre-Dame *dè l'Plovinette* pour faire changer le temps, quand les prairies ont besoin d'eau.

A Lambermont, nous avons St-Bernard pour les crampes : *Po les ècoid'lés, les ècoid'leur.* — Voilà !

Pour les petits enfants qui marchent difficilement, à Heusy comme à Visé, c'est St-Hadelin qu'on va trouver. Remarquez bien, ajouta Micheroux, qu'en pélerinage, il est indispensable de porter l'enfant sur le bras gauche, *so l'clinche bresse.*

Pour le mal de cou, allez droit à St-Blaise, à la grande paroisse de Verviers : on place sur le cou du patient deux chandelles allumées et en croix.

A la fête de St-Eloi, les paysans viennent le dimanche, avec leurs chevaux, faire une course autour de l'église du Mont, pour honorer le Saint des bestiaux.

Pour toutes les maladies contagieuses, St-Roch de Soiron est aussi très-renommé.

Vers Liége, nous avons Notre-Dame de Bellaire; à Retinne, nous avons la célèbre Sainte-Julienne.

— Oui, je connais cette Sainte : si vous voulez avoir une idée des Saintes filles de la Cité de Liége, au XIIIme siècle, en ce bon temps où la pureté de ses vierges faisait appeler notre beau pays le jardin des lys, lisez la vie de Ste-Julienne, d'Arsène De Noüe (1846), et l'ouvrage plus ancien du P. Berthollet.

— Nous avons encore l'influence de St-Amand, reprit Micheroux ; on l'invoque, comme à Zammel, pour les rhumatismes.

Permettez-moi de ne pas quitter l'arrondissement de Verviers sans entrer encore dans quelques autres détails. A Theux, les rhumatisés vont chercher, au cimetière, cinq clous de cercueil, qu'ils attachent à leur cou dans un petit sac, pour se débarrasser de leurs douleurs ; *cinq clâ d'wahai qu'on lôie divins n'clicotte et qu'on pind â cô dè ci qu'a des ècôid'leure et des rhômatisse : il est r'wèri so l'cop.* Les fossoyeurs de la campagne font un commerce de ces bons clous. Oui ! oui !

Pour les maux de dents, quand Ste-*Apollône* (1) n'a rien voulu entendre, les uns se trouvent bon de se pendre, au cou, un petit sac en flanelle rouge, contenant les quatre pattes d'une taupe arrachées à la pauvre bête encore vivante. Les autres ne mangent pas de la viande aux quatre grandes fêtes : A Noël, à la Toussaint, à l'Assomption et à l'Ascension. D'autres encore se font *sègnî les dint,* puis disent cinq *pater* et cinq *ave.*

(1) Ste-Apolline, à Andrimont.

Pour toucher les dents, on dit : *Je t'arrête ! Au nom du Père, du Fils et du Saint-Esprit.* Ensuite on vous fait dire cinq *pater* et cinq *ave* en l'honneur des cinq plaies de Jésus-Christ.

Vous riez, Monsieur, et cependant ce moyen se pratique encore à Liége même.

On touche aussi les dents qui font mal soit avec un os, soit avec une dent d'une personne morte. A l'église Sainte-Croix, plus de vingt personnes par jour vont encore se faire toucher leurs dents avec celles de Ste-Apolline.

Ma mère, reprit Micheroux, me contait que le curé de Richelle ne croyait pas plus que vous aux *signures*, et qu'il avait défendu à la sage-femme de son village de *sègnî les ouye !* Quelque temps après, le curé attrape tout d'un coup une telle douleur à l'œil, qu'il lui devient impossible de dire sa messe. Il a recours à la sage-femme et lui demande : « Catherine, guérissez-moi : connaissez-vous mon mal ? — Oui, répondit la femme ; *vos avez l'fleur et l'dragon, mais vos m'avez d'findou dè sègnî et ji n'el fais pus po personne !* — Le lendemain, les douleurs étaient plus cuisantes encore ; le curé fit rappeler la femme pour lui dire : Signe mes yeux ; et si tu me guéris, tu auras la permission de signer tant que tu voudras.

— Eh bien !

— On croit encore à la signure à Richelle et aux environs.

Il y a, à Dison, un vieillard de 85 ans, nommé Firmin Coleil, qui guérit les maux de gorge de la sorte :

Pour relever la luette, il dit : *Dieu de miséricorde, veuillez remettre la luette à cette personne telle qu'elle était.*

— Comme c'est simple !

— Rien de plus. Pour guérir les coliques et les maux de ventre, etc. il dit ce même Coleil :

> Sainte-Anne et Saint-J'han,
> Qu'è vont tot s'porminant.
> Il rescontret mâ d'flanc :

Vas r'zè : les matenne et les messe sont fineies et les âmône sont faites. Il répète ces paroles par trois fois ; puis le patient récite trois *pater* et trois *ave* en l'honneur des cinq plaies de notre Seigneur. — Ce bon remède s'emploie aussi pour les chevaux. Le vieux n'a pas besoin de voir les personnes ; il lui suffit de connaître les noms.

— Et l'on croit à tout cela ? demandai-je à Micheroux.

— Mais certainement, Monsieur ; cela est peu amusant, mais ces croyances ont persisté dans nos villages du XIXe siècle. Vous pouvez vous en assurer.

On dit aussi, dans les mêmes endroits, qu'un homme, pour conjurer les diables et les saints et pour jeter la baguette, doit être né et avoir été baptisé entre deux messes.

Toujours dans ce même et primitif pays, on conserve (dans des bouteilles) la première neige tombée entre le 6 janvier et le 2 février.

— Veuillez répéter, s'il vous plaît?

— La première neige tombée entre l'Epiphanie et la Purification de la Ste-Vierge, *li Chand'leur*, est ramassée précieusement ; étant fondue, elle sert à laver les yeux et les brûlures.

A dix lieues à la ronde, le petit livre portant pour titre : *Le trépas*, se place encore sous l'oreiller des femmes en mal d'enfant, pour les aider.

Estez-ve so li d'dièrin? (fin de la grossesse.) *Magnîz tos les jou à l'nute dè l'salâde à l'hôle foirt crâsse.*

On croit généralement que l'enfant qui vient au monde entre onze heures et minuit sera malheureux ; il est prédestiné *ax pône et ax adversité*. Les accoucheuses de Polleur, Theux, Pepinster etc. etc., prétendent que les femmes en couche cherchent, autant que faire se peut, à devancer ou à dépasser l'heure fatale.

Pour la fièvre lente, voici encore des remèdes. Déjà nous avons cité les invocations à Ste-Fivelaine à Grivegnée, à St-Fiv'lâ à Huy. etc. Voici une recette en vogue dans les environs de Spa, de Verviers, etc. On applique des bandelettes aux poignets des enfants. *On mette les paquet po l'fiv'laine.* Ces bandelettes en toile renferment... écoutez : c'est un grand secret.

Vos mèlez d'vins n'pailette :

On jène d'oû, delle beneute aiwe, dè lèvain, dè vinaigue et delle simence d'ourteye. Mettez tot çoula essonle, et fez-è des paquet po mette âx deux pougnet d'l'èfant, à hûte heure à l'nute, deux joû n'dèrotte. Jetez les paquet â feu, fez ine nouvaine à saint Breiât ou bin à sainte Fiv'laine, et voste èfant est r'wèri !

Il y a sept sortes de *fivelaine* ; les *makralle* seules sont à même de les distinguer l'une de l'autre, dit Micheroux ; en tous cas, on emploie sept ingrédients.

Une *pailette* neuve en terre, une cuillerée de vinaigre, une d'huile, de l'eau bénite, de la levure, et un œuf qu'on brise, et qu'on met tout entier dans l'écuelle.

La première recette vient des Ardennes ; la seconde, de Liége et de la Hesbaye.

Ces mélanges se cuisent dans la *pailette* et

s'appliquent aux bras des enfants qui dépérissent ou qui sont *haiâves.*

— C'est de l'histoire ancienne, n'est-ce pas ?

— Pardon, Monsieur ; ces remèdes se pratiquent encore tous les jours. Tous les jours encore on fait les paquets, on va à l'église Ste-Croix à Liége, à Saint-Gilles l'*Ewaré* à Chaineux, etc. etc. Pour être certaines d'avoir les grâces du bon Saint, disent les bonnes femmes, nous porterons nos enfants à Ste-Croix et nous ferons lire l'évangile de tous les saints. On donne ce qu'on veut, selon ses moyens.

A Liége comme dans les Ardennes, on croit que, pour sevrer un enfant, il suffit de dire cinq *pater* et cinq *ave* à la consécration de la messe.

Po les mâ d'vinte et les convulsion, on jette li bonnet di l'èfant â feu. Ou bin on preie saint Orémus.

Pour la croûte de lait (les seûie), frottez les moron di s'pale di l'èfant, 'nouf joû â long : il vint des seûie qui vos sèch'rez et voste èfant n'âret nin des crappe ès visège.

Po les poque, on lave li visège avou des brouet d'fève, et vos fez des bagne di pid â lessai.

En fait de remèdes pour la fièvre lente, pour les pleurnicheurs, j'oubliais de vous donner celui-ci : dans les bandelettes en toile qu'on lie aux poignets des enfants, on place 5—7 ou 9 cloportes (*des pourçai d'câve*). On porte aussi un sac de camphre à l'estomac. Aux enfants qui ont des transpirations, on applique, sur l'estomac, un sac en toile rempli de vers rouges coupés en morceaux.

Pour le muguet, (*les rênette*), les plaies et rougeurs dans les bouches des enfants, que de remèdes !

Au lever, on frotte, sur la bouche, le drap mouillé du maillot de l'enfant.

Autre moyen : on fait trois signes de croix dans le bonnet de l'enfant, puis on commence une neuvaine.

Le moyen le plus connu : On souffle trois fois de suite un cierge bénit dans la bouche du petit malade. Éteindre et rallumer trois fois tous les jours d'une neuvaine.

C'est *soffler les rênette*.

— Vous n'êtes pas gai, Monsieur Micheroux !

— Je le sais, Monsieur, mais je ne viens pas pour vous amuser ; vous me demandez des remèdes : en voilà pour votre argent. Je n'ai pas fini avec le pays de Verviers et les environs ; mais je vais m'arrêter.

—Non, non ! continuez, puisque nous y sommes.

— Eh bien, Messieurs, quand il n'y avait pas de presse dans les pèlerinages ni dans les neuvaines, la mère Micheroux avait recours aux remèdes familiers ; elle ne comptait pas ses visites ; on donnait selon la générosité. Ecoutez, je vais presser le pas.

Pour les mauvaises toux, quand on n'avait pas réussi en implorant St-André à Liége ou St-Salomon à Baelen (*Bailoux*), ou St-Antoine à Pépinster pour les inflammations, on en venait, dis-je, aux remèdes. Vous ai-je appris que les *wastai et les waffe beneie* à Pepinster se mangeaient aussi pour le feu de St-Antoine? Pour les bêtes et pour les gens, c'est vraiment très-bon.

Pour les maux de gorge, on s'adresse à St-Blaise ; mais voici les remèdes que ma mère ordonnait en pareil cas, c'est-à-dire pour le mal de gorge et la coqueluche : Un cataplasme aux choux rouges. — Le bas qu'on vient de défaire. — Frottez-vous le gosier avec la cervelle d'un chat. — Ma mère faisait prendre du sirop qu'elle faisait elle-même. — On laissait fondre des limaçons dans du sucre blanc en poudre. On trouait une carotte et on remplissait la cavité de sucre et de limaçons blancs.

Ma mère recommandait aussi un œuf dans du vinaigre, avec beaucoup de sucre. Elle mettait une assiettée de goudron dans la chambre à coucher des enfants. Elle faisait boire de l'eau bénite qui venait, disait-elle, du béguinage de Tongres;

cette eau avait été sanctifiée le 8 février, à la grande fête de St-Blaise, où l'on bénit aussi du pain blanc.

A une lieue de St-Trond, à Houpertingen, on offrait à St-Trond du lard et des jambons; il paraît qu'à présent il ne reçoit plus grand chose; des riens, dit-on, des oreilles ou des pieds de cochon....

Les habitants de Mortroux prient Ste-Lucie et s'appliquent une tranche de lard chaude sur la gorge. Ils font aussi des neuvaines à Ste-Lucie, qui a la gorge traversée d'un poignard.

Je vous parlais tout à l'heure de la ville de Tongres. On y honore entr'autre St-Évermar, souverain pour les frissons. Vous levez une pierre par un anneau, pour prendre une pincée de terre que vous mêlez à un verre d'eau claire; cette eau est puisée à une source qui coule près de l'église. Mêlez le saint breuvage, avalez-le tout, et les frissons disparaissent. N'oubliez pas l'offrande.

— Quelle preuve avez-vous de tout ceci, M. Micheroux ?

— Le témoignage des gens du pays, rien de plus ; ma mère n'est plus là pour vous le certifier. Mais tous les jours encore, on invoque l'intercession des Saints dont je vous parle; allez y voir.

Pour l'érysipèle, on arrache la langue à un renard vivant; on la fait bénir en l'honneur de

Ste-Rose, puis on place un morceau de la langue bénite sur la partie malade.

Vous savez, n'est-ce pas, qu'ici à Liége, on invoque St-Cloud pour les clous? Je crois cependant qu'on commence à l'oublier, ce bon St-Cloud.

Sainte Reine, dont le nom était autrefois prononcé Ste-Rogne, est invoquée contre la rogne. (¹)

— Reposez-vous un moment, dit Corombelle à Micheroux, je vais indiquer deux remèdes pour le mal de gorge. Vous mangez un hareng sans le laver, tel qu'il vient du tonneau, avec tout son sel ; et ayez soin de ne point boire.

Un autre remède tout différent : Coupez et placez des tranches de *ramonasse* (²) dans une assiette en porcelaine, recouvrez-les de sucre en poudre ; le lendemain, vous trouverez un excellent sirop pour la gorge.

Pour les foulures, j'ai vu employer les arêtes qu'on enlevait d'un hareng ; on les plaçait sous bande et l'on arrosait la jambe avec de la saumure de hareng.

On frotte aussi la partie de la jambe foulée avec la moëlle des os de jambon.

Pour les poignets et les nerfs forcés, les entorses et les jambes foulées, il y a des hommes (*ils doivent*

(¹) De Reinsberg, *ouv. cité.*

(²) Gros radis noir.

ne pas avoir connu leur père) ; ils viennent vous presser la partie souffrante, le mal part de suite. On dit : *C'est in homme qu'a n'bonne pougneure. Riwerî par li r'pougnège.*

Pour les engelures, vous faites du feu avec le second foin, le regain ; vous chauffez la partie gelée, à ce feu ; ensuite vous mêlez la cendre du foin à de la graisse de cheval, pour les frictions.

On n'en finirait pas avec les remèdes ; ils se comptent par milliers. N'est-ce pas assez pour aujourd'hui, Messieurs?

— Je voulais, répondit Micheroux, vous citer encore Sainte Brigitte de Grand-Rechain, *po les biesse qui n'fruget nin ou qui sont malâdes* ; ensuite St-Antoine, les *pains bénits*, etc., etc.

— Merci, mon cher voisin, pas ce soir ; tout cela se confond dans ma tête.

Sainte Brigitte de Grand-Rechain doit faire la même chose que celle d'Amay et tant d'autres. Nous connaissons Saint *Geoire* d'Oneux (St-Georges), qui guérit les maux d'oreille et la surdité. Quant à St-Antoine, nous le remettrons à la première soirée.

Et l'on se sépara.

CHAPITRE XII.

— Si vous voulez parler de Saint-Antoine, disais-je un soir à Micheroux et au batelier, ne vous y trompez pas : il y a deux saints du même nom.

— Le saint des campagnes, répondit Micheroux, celui de Pepinster, de Neufchâteau, etc., je crois que c'est Saint-Antoine l'Ermite.

— C'est juste.

— L'autre, qu'on prie à Verviers, à Liége et dans les villes où il n'y a pas de cochons, c'est Saint-Antoine de Padoue. Celui-ci fait des miracles; il guérit les personnes et fait retrouver les objets perdus. Cent fois, nos mères et nos vieilles parentes ont invoqué Saint-Antoine, pour retrouver les clefs et les objets de valeur. Je ne vous apprends rien de nouveau; mais ce que vous ne savez peut-être pas, c'est que, dans le Limbourg, les jeunes filles font des pélerinages au même saint pour trouver... Devinez? Un mari!

cela s'entend. Les jeunes filles rêvent-elles à autre chose?

— Elles sont sans doute nombreuses, les pélerines?

— Le saint a beaucoup à faire.

— Ma sœur, reprit Corombelle, nous lisait un petit livre, fait par Natalis, de l'ordre des Mineurs, j'entends (¹). Nous y apprenions des miracles qui émerveillaient nos jeunes têtes. Je n'ai qu'à choisir :

Un illustre cavalier se promenait, un jour, sur le lac, près de la ville de Trente dans le Tyrol. Il laissa tomber sa bague surmontée d'un diamant d'un très-grand prix ; il fit toutes les diligences possibles pour la retrouver, mais inutilement. Alors il eut recours à St-Antoine de Padoue : il fit chanter par les Pères Mineurs une messe solennelle en son honneur, et pour reconnaître les peines des religieux, il fit acheter du poisson pour leur repas. On pouvait, n'est-ce pas, payer un cadeau !

— Mais où est-il, le miracle?

— Attendez, le voici. Le cuisinier du couvent retrouva la bague dans les entrailles du plus gros poisson envoyé par le cavalier, et pêché dans le lac.

(¹) *Source miraculeuse et féconde des grâces du glorieux St-Antoine de Padoue*, par le père Daniel Natalis, Mineur. Liége 1672, in-12.

— En voilà une d'histoire, père Corombelle ! Bravo !

— Eh bien ! Messieurs, j'ai entendu des savants dire qu'on avait vu la même chose du temps des païens (¹).

— Moi, répondit Micheroux, relevant la tête, j'ai lu Télémaque à l'école de Monsieur Delaite.

— Vous êtes jeune, vous, mon ami; moi, j'ai vécu vingt années dans l'autre siècle. Il m'en est resté bien des souvenirs. Tenez : voici encore un miracle tiré du livre en question *(Les grâces de St-Antoine de Padoue)*.

En 1617, une noble dame était restée 22 ans mariée sans avoir d'enfant. Elle s'en alla à l'église des Frères Mineurs; la nuit suivante, voici St-Antoine, plus brillant que le soleil, qui lui dit : « Femme, allez neuf mardis de suite visiter mon image; vos prières seront exaucées. » Aussitôt qu'elle eut achevé sa prière, elle se sentit enceinte. Sa joie ne dura pas longtemps, car son mari se figura qu'elle avait conçu par adultère ! Pour comble de malheur, elle accoucha d'un monstre horrible ! Elle le fit porter à l'église des Mineurs pour l'offrir à St-Antoine, et ce monstre n'eut pas

---

(¹) Le batelier a ouï parler de l'anneau de Polycrate (v. Hérodote, liv. III, ch. 41-43).

plutôt touché l'autel, qu'on entendit la voix d'un bel enfant.

— Celle-ci vaut bien l'autre.

— Ils sont tous au plus extraordinaire. Un homme retrouve les yeux et le langage que les esprits malins lui avaient dérobés. Les poissons de la mer écoutent la prédiction de St-Antoine (1). Un mulet adore le Saint-Sacrement et délivre des possédés. St-Antoine fait sortir des enfers l'âme d'un seigneur, après qu'il eut donné quittance à son censier. Jean Meuren obtient la même grâce, pour le même motif. André Petruccelli est délivré du diable, etc. etc.

Le batelier nous fit remarquer que le miracle des poissons était le plus extraordinaire. Ils venaient à la voix du saint, avec un tel ordre, que les petits étaient les premiers, ensuite les gros à la file, à moitié hors de l'eau. Ils demeuraient dans cette position sans faire du bruit, en bon alignement, jusqu'à ce qu'il eût plu au saint de les bénir.

— Quelle foi robuste on avait, en ce temps-là !

— Et la complainte, demandai-je à Micheroux?

— La voici :

(1) Pages 75 et 76 de l'ouvrage cité.

St-Antoine de Padoue.

J'a pierdou m'clef avou n'hâs'pleie di fi !
J'a pus pierdou qui çou j'a fait d'profit,
    Ji sos-t-hoûie ès l'mâle vône.
Po l'ritrover, quél saint noumm'reie-je, mi fi?
    Mi mère dit qu'saint Antône
Fait riv'ni tot, comme so l'crosse les fifi.

D'on mâ d'infèr, on raveut l'paradis,
Tot fant l'nouvaine ioummeie des nouf mardi.
    C'esteut à saint Antône,
Qu'esteut d'Padoue, qui les grands et les petits
    Allit jàser d'leus pône.
Li vue et l'veie, il v's el rindév' todi.

Pour les rougeurs, les plaies bleues *et l'feu d'saint Antône*, on fait brûler des chandelles à l'église des Mineurs, à Liége.

N'oublions pas que St-Antoine l'Ermite, à Pepinster, a le même pouvoir que *Ste-Brixhe d'Ama* (Ste-Brigitte).

— Mais oui ; les buveurs de Visé nous l'ont dit. On invoque l'un et l'autre pour les vaches et les cochons. Passez.

— En Ardenne, St-Loup guérit mieux encore que les plaies bleues. On le prie pour les maux rongeurs qui vont jusqu'à l'os ! De nombreux pèlerins vont aussi le trouver pour les enfants qui mangent beaucoup sans mettre leur nourriture à *profit*.

— Voyons, Messieurs, abrégeons. Nous serions exposés à nous répéter sans fin. Nous avons parcouru Visé et ses environs, la ville de Huy et une partie de la Hesbaye, Verviers, plus une partie des Ardennes; il reste peu de chose à dire sur les saints de la ville de Liége. Terminons donc ce sujet, et permettez-moi d'en appeler à vos souvenirs pour un autre travail.

Paschal Corombelle sourit et Micheroux parut flatté de ma demande. — Encore quelques superstitions des Ardennes et de Verviers, dit-il, puis deux mots sur Liége et ses environs.

Si l'on veut éviter les sorts malheureux, disent les Ardennaises, il faut se garder de laisser traîner les cheveux sur le peigne, ou par les chemins; on doit les brûler ou cracher dessus avant de les jeter. Sans ces précautions, une sorcière pourrait toucher vos cheveux, et vous, l'ancienne propriétaire, vous vous en trouveriez mal.

Les cheveux jouent un grand rôle dans ces campagnes. Ecoutez: c'est la même qui parle. — *Mi grand père aveut totes ses vache qui crèvit! On fat v'ni l'curé po bèni les stâ, et après les pâter, on trova dizo n'pire, ine grosse toirchette di ch'vet! C'est d'là qui v'nît totes les adversité; les mâvas tour s'arrestit.*

Une autre bonne femme racontait qu'étant encore toute petite, une vieille avait passé la main dans sa belle chevelure pour la caresser. C'était un sort! Le lendemain, l'enfant avait la tête chargée de vermine. N'allez pas faire mine de douter de cela en Ardennes. — Vraiment !

— Quand les habitants du pays de Franchimont voient des étoiles tombantes ou filantes, ils disent trois fois *amen* et s'imaginent avoir délivré une âme du purgatoire. Nous sautons d'une branche à l'autre, au hasard de notre caprice, dit Micheroux ; mais enfin, prenons les vieux souvenirs au vol, à mesure qu'ils se présentent. En voici encore du beau pays des *ramon*, des *noppeuse* et des *cwî des losse* ! Attention. Allumez en même temps trois chandelles ; baptisez-les de trois noms de votre choix. Celle qui brûlera la dernière indiquera le jeune homme ou la jeune fille qu'on aura en mariage. L'avenir n'a plus de mystère. C'est encore en faisant brûler trois chandelles que vous saurez si votre malade guérira, si la maladie sera longue, etc.

Pourquoi la jeunesse de Verviers est-elle si curieuse d'assister à la belle grand'messe qu'on chante en l'honneur de St-Joseph, le 19 mars? C'est pour voir faire le *Niquet*. — Qu'est-ce à dire ? — Le *Niquet*, Messieurs, est un hochement de tête par lequel le saint indique et approuve les mariages heureux ; demandez donc si les demoiselles y courent ! C'est là, dit-on, qu'elles prient avec le plus de ferveur. Il y a quelque chose là-dedans, Messieurs : ne souriez pas !

Les amants malheureux, faute d'être payés de retour, doivent faire un pélerinage à Noblehaie, où l'on reçoit chandelles et offrandes.

Les dames mariées qui désirent de beaux et gros enfants, iront en pélerinage à St-Vith, à Aubel. Nous pourrions citer des faits.

— Vous retombez sur les saints, Monsieur Micheroux ?

— Il y en a tant, voyez-vous, que j'y retombe sans le savoir. Ce sont des croyances, je ne sors pas de là ! Voilà ! On prie aussi le bienheureux St-Vith d'Aubel, pour les maux de nerfs ; on le prie souvent les bras en croix. On trouve des prieuses à Aubel plus qu'ailleurs. Prier, c'est pour elles une profession ; elles ont des saints pour tous les *bôbôs* et pour tous les besoins.

La charmante jeunesse de Verviers, se rend en Crapaurue, auprès de Notre-Dame des sept douleurs. On fait placer des chandelles sur l'autel érigé en son honneur, on donne des *ex-voto*, tout cela pour obtenir des *galants* aussi bien que pour chasser les maladies.

— De mon jeune temps, reprit Corombelle, dans plusieurs couvents de Liége, les sœurs restaient en prière toute la nuit, à tour de rôle, devant l'autel du St-Sacrement. Les religieuses examinaient la manière dont brûlaient les chandelles et les grands cierges placés là, à l'intention d'un malade désigné. Puis, le lendemain, elles disaient aux personnes intéressées, s'il fallait espérer la guérison ou si le malade devait succomber.

— Comme on savait tout, du temps passé !

— Oui-dà, sans aucun doute. Savez-vous pourquoi le village de Dieupart est ainsi nommé ?

— Non ; est-ce une superstition ? — C'est une tradition. Ecoutez : Il y avait une fois un jeune berger, tout habillé de peaux de mouton. En suivant les brebis confiées à sa garde, il découvrit, dans la bruyère, une petite statue de la vierge Marie ! Notre berger voulut l'emporter chez lui, pour la placer au foyer où se réchauffait sa vieille mère. Mais, tout-à-coup, il entendit une voix des plus harmonieuses qui lui disait : — *Laisse-moi ! Je suis de Dieu la part !* Frappé de stupeur, le berger courut chez ses maîtres et chez les notables de l'endroit. Ils furent convaincus que la statuette miraculeuse ne voulait pas une meilleure place. Et dans ce magnifique vallon, on construisit l'église isolée qui a gardé le beau nom de Dieupart. Et voilà !

— C'est très-bien, Micheroux. Avez-vous encore quelque chose à nous apprendre sur Verviers et ses environs ?

— J'arrive à la fin. Connaissez-vous le pain de Noël ? Voici. Le 24 décembre, on dépose du pain en plein air, dans le jardin, ou sur l'appui de la fenêtre, en dehors. C'est le premier pain qu'on mange le lendemain, en se levant. A Dison et dans tous les villages environnants, on en distribue aux personnes du ménage et aux bestiaux. Ce pain est bénit tout naturellement, par l'influence de l'heure de minuit, heure de la naissance de Jésus. Chacun en mange un petit morceau pour être préservé de toutes les calamités. L'eau se trouve également bénite de la même manière ; les amateurs d'oiseaux s'en servent pour préserver leurs volatiles de tout mal et pour les faire chanter.

— C'est une croyance?

— Très-répandue, de même que celle-ci : Dans le pays de Verviers comme dans toute la Belgique, le 24 décembre, à minuit juste, toutes les vaches se trouvent à genoux.

J'ai vu, il y a quelques années, dans la grande rue de Herve, devant le grand Christ, et sur la place des Récollets à Verviers, un peu avant minuit, des centaines de personnes portant des chandelles allumées ; au premier coup de cloche annonçant l'heure de minuit, tout ce monde tombe à genoux et l'on prie. Les paysans viennent de deux à trois lieues à la ronde pour prier et invoquer en même temps Notre-Dame des Récollets. C'est une très-ancienne coutume.

Dans les villages près de Liége, à l'heure de minuit, à Noël, les paysans répandent de l'eau, tout autour de leur maison. Ils sont persuadés que cette traînée empêchera les rats et les souris d'entrer dans les habitations.

— Allez demeurer dix ans dans les Ardennes et vous ne connaîtrez pas encore tous les préjugés, toutes les superstitions dont le peuple est imbu. Décidément revenons vers Liége.

— Je le veux bien, moi. Voilà. Mais je vous préviens qu'il sera encore question de saints et de miracles; vous savez, c'est ma partie.

— Allons.

Micheroux est probablement descendu en ville aujourd'hui, il est en belle humeur; il aura fait des visites ; nous allons en apprendre ! Ecoutons-le.

> Di tos costé, so les mont, so les vâ,
> Nosse bai pays a des saint tot avâ,
>   Qui fet des grands miråke.
> C'est St-Måkrawe, St-Lambert, St-Servås,
>   St-Lorint et St-Remåke.
> A tote leu fiesse il nos fåt braire vivå.

> Lige ridohive di tos binamés saint
> Qui r'wèrihit vos mâ et vos mèhin
> Po n'offrande et n'pâtér.
> L'offrande surtout valéve mî qu'les hôl'mint
> Po les pône di nosse térre ;
> Et po wâgnî li cire et tos ses bin.

— A mon tour, reprit le vieux batelier Corombelle.

> Rin n'est pus doux, rin d'mèyeu, d'pus parfait,
> Qui l'pâie di Diu, ça rapâw'teie, ça r'fait :
> Mais po l's autes on l'rouveie;
> C'est âx saint d'bois èfoumîs et fôirt laids,
> Qui l'peupe à deux g'no preie :
> Por lu, l'mirâke, c'est l'imâge qui l'a fait.
>
> Dè timps passé, on n'prindéve nou méd'cin,
> Po tos les mâ di croupire ou d'bassin ;
> C'esteut on saint ou n'sainte
> Qu'ès paradis vis minéve tot douc'mint.
> Si vos avîz n'boûse plinte,
> Quand vos morîz, dimanéve-t-elle po l'saint ?
>
> Qwand ès vosse boke vos avîz des lanc'mint,
> Qui v'lanwihîz des pus affreux mâ d'dint
> C'esteut Ste-Apollône
> Qui féve, dist-on, vini l'aiwe so l'molin ;
> A l'sainte on féve l'âmône,
> Ca di c'timps là on n'aveut rin po rin. (¹)

— Je vois, Messieurs, que vous n'avez plus

(¹) A Liége, comme dans presque toutes les villes de la Belgique, on implore Ste-Apolline (*Ste-Apollône*) pour les maux de dents.

besoin de moi, je vais vous souhaiter le bonsoir. Voilà !

— Mais votre tour est revenu, M. Micheroux. Vous avez la parole. Vous en savez long, j'espère, sur les saints miraculeux de Liége.

Pendant que je m'efforce de retenir l'ancien pélerin, le bon Paschal a placé sur la table trois verres et un cruchon de vieux genièvre. « Je vais rester pour vous faire plaisir, dit Micheroux : voici ma ballade ; je la tiens de ma mère. » Voilà !

Sainte-Agathe.

Si n'méchante mohe ou n'chesseute à pètion,
Donne si venin, li mâ donne li toubion
  Qui vinret dè l' piqueûre.
A Sainte Agathe allez po vosse pîson,
  Priîz po vosse gonfleure,
Des mèye chandelle broûlet là t-à nokion. (¹)

Saint-Laurent.

Qwand vos avîz dés bâbà, des crotin
Ou bin des seuie, des brouleur, dè venin :
  I n'falléve nin des pappe ; (²)
Vos cangîz d'l'hôle po l'cisse d'à Saint-Laurint,
  Po z-ècrâhî vos crape.
Li p'tite discange si féve po pau d'àrgint. (³)

(¹) On allait invoquer la Sainte à son église, dans le faubourg de St-Laurent. On priait Ste-Agathe pour les piqûres de guêpes, les inflammations, les rougeurs, etc. Dans d'autres endroits, on a recours à la même Sainte pour les maladies de seins.

(²) De la bouillie (*papin*).

(³) L'huile bénite au monastère de Saint-Laurent servait à

Saint-Léonard.

Saint-Linâ vint à sécours des houyeux :
Dihinde haitî et r'monter bin vigreux
    Po l'hâle ou po l'coufâte !
Ax pids dè beure, qwand i fet l sègne de l'creux,
    I fet l'brave et l'pilâte;
Mais à pône fou, vos lès r'là grands jureux. (1)

Saint-André.

A Saint Andry, po les tosse et les freud,
C'est à curé qu'on d'hève : s'il v'plait, Monsieur,
    Riwèrihez-m' po n'pèce.
Adon il v'nève prii d'on grand sérieux
    Et v'mette l'étôle so l'tiesse.
On s'agenive, on houtève tot peneû. (2)

Saint-Julin.

Qwand les èfant ont l'mâ qu'il div'net bleus,
Sins n'gotte jâser on fait l'voyège à treus ;
    Treus feumme qu'on nomme Mareie,
Jusqu'ès Coignon vont prii so leus deugt,
    Et sins jâser n'seule feie !
Po Saint-Julin, on deut esse génereux. (3)

graisser les croûtes de lait, les maux jaunes, les dartres, enfin tous les *bôbôs*. L'auteur du *K'tapé manège* disait avoir été avec son père échanger une bouteille d'huile contre de l'huile bénite. Mais je crois, disait-il, que c'était toujours la même.

(1) Saint Léonard, patron des houilleurs et des bateliers. Saint-Léonard s'intéresse aussi aux prisonniers; il les délivre de leurs chaînes. On l'invoque enfin pour les femmes en travail d'enfant.

(²) C'est à l'église St-Antoine qu'on a transporté Saint-André, depuis la fermeture du temple qui lui était consacré ; c'est là qu'on peut encore aller le prier et lui faire brûler des chandelles.

(3) Trois femmes portant le nom de Marie allaient jusqu'en

— Un instant, dit Corombelle : en parlant de St-Léonard, protecteur des bateliers, vous avez oublié la promesse d'une chandelle. La voici :

— *Binamé St-Linâ! dihéve on naiveu ès dangi d'pèri : ji v'promette ine chandelle pus haute qui m'ferré, si vos m'sâvez di c'mâva pas.* — *Avou quoi l'ach't'réve, pére?* — *Tais-tu, ine feie oute il n'âreut nin on nokion, responda l'naiveu.*

Sur ce, les trois petits verres se vidèrent.
— A vous, Micheroux.
— Voilà.

> Po l'aiwe ès l'tiesse, on lét co à Ste-Creux,
> Dè bon latin tos mot des pus sérieux,
>   Po saiwer l'aiwe dè l'tiesse.
> Les mére dihet qui c'est bin awoureux
>   D'avu des bons priesse,
> Et tant des saint qui sont miràculeux. (¹)

Cornillon (*Coignon*) le premier et le neuvième jour de la neuvaine, en disant le chapelet. Elles ne pouvaient dire un seul mot, ni communiquer entre elles.

Quand on rencontre trois femmes qui parlent beaucoup, on dit : *Volà les treus Mareie.* Supposerait-on qu'elles se rattrapent ? *Li mâ d'Saint-Julin* se guérissait au moyen d'un petit pain béni (*ine miche*). La miche bénite se mangeait pendant les neuf jours de la neuvaine, par petits morceaux trempés dans de l'eau bénite.

(Notes communiquées à la mère de Micheroux par plusieurs personnes âgées.)

(¹) Quand un enfant souffre de la dentition, quand il a des

St-Orémus.

C'est à Hesta qu'on alléve po l'rondai: (¹)
Qwand les èfant avît l'souweur à l'pai,
   I falléve fer n'nouvaine;
Saint-z-Oremus riçuvéve à hopai,
   Tos les joû dè l'samaine.
S'il houméve l'aiwe, vos d'nnîz plein vosse chapai.

Comme ine timpesse ès vinte si vos r'sintez,
Si des colique vinet vis tourmetter
   Tot magnant des frutège,
Saint-z-Oremus ramône li haitisté;
   Vosse vinte n'a pus d'orège.
Allez à bloc, prîz et z-y mettez.

— Vos maux de ventre me rappellent St-Aubin, à Comblain-au-Pont, interrompit Paschal; on

transpirations à la tête, des rêves agités, etc., un prêtre vient lire des prières sur sa tête; il frotte ensuite la gencive du petit patient avec une clef. On fait quelquefois lire l'évangile de St-Jean.
— Moi, nous disait une bonne femme, je fais dire les litanies de tous les saints, je suis plus certaine d'avoir le bon.

(¹) Les enfants transpirant de la tête perçaient un *rond* de transpiration sur le coussin de leur berceau; de là le mot *rondai*. St-Orémus était aussi très-renommé pour les maux de ventre. Sa petite chapelle était depuis très-longtemps transformée en écurie, qu'on venait encore y prier et y déposer de l'argent, dans un reste de la niche où la statue avait été placée. Les domestiques n'oubliaient jamais d'empocher l'argent pour boire à la santé et à la guérison des maux de ventre et de la transpiration.

l'invoque pour les coliques, etc., etc. Le brave curé de l'endroit me disait un jour : — *Pa ! si j'n'aveus nin m'saint âx mâ d'vinte, ji n'sareus viker !* (¹).

— Voici la complainte *di Saint-z-Abé*, reprit aussitôt Micheroux :

> Po les mâ d'vinte, Abé li fameux Saint,
> Po pau d'aidan vis r'wérihe et v's-el prind,
> Mâgré l'image broûlèie.
> C'est Dumourier divins les mâvas timps
> Qu'ènnè fat ine blamèie.
> Comblain-à-Pont a tôs vinte qui vont bin.

— A mon tour, à mon tour !

— Vous êtes plus verbeux et plus gai que les autres jours, Monsieur Micheroux.

— Possible. Dans ma promenade en ville, j'ai revu des amis, des connaissances ; on va visiter les cabarets. Vous oubliez, Messieurs, que nous sommes au soir du 3 novembre. Je désirais me trouver à l'église Sainte-Croix, à la grand'messe de la neuvaine de St-Hubert ; mais il y avait tant de monde ! impossible d'y entrer. Car St-Hubert, c'est le saint des saints, celui-là ! Je me suis consolé en me rendant à la foire sur la Batte ; là, j'ai rencontré le grand Michel, un pèlerin comme était ma mère. Il a monté une boutique de mé-

---

(¹) Le bon curé est mort depuis longtemps.

dailles et de petites statuettes, de vierges bénites, dit-il ; il est très-imposant, Michel, je vous assure ; il doit vendre beaucoup. Ses longs cheveux, sa grande barbe blanche, des quantités de chapelets retombant en collier sur ses larges épaules, des scapulaires, des certificats de guérison sur des timbres de 45 centimes, ensuite les petits livres…; à tout cet assemblage voyez-vous, Messieurs, les bonnes gens se laissent prendre. Michel explique les miracles de St-Roch ; c'est de St-Roch, en Ardennes, qu'il revient, dit-il; c'est là qu'il a fait bénir sa marchandise. Puis, monté sur une chaise, une baguette à la main, il raconte de son mieux, et avec force signes de croix, l'histoire de la passion représentée grossièrement sur une toile. Sa femme vêtue d'étoffe noire, un mouchoir blanc sur la tête, vend les articles bénits, et elle aussi se signe à grand tour de bras, chaque fois qu'elle reçoit la monnaie.

Cependant, tout n'est pas rose dans les petits commerces de la foire. Dix mètres plus loin, à côté d'un marchand de planètes et d'amulettes, il y avait le pèlerin de St-Hubert qui n'était pas entouré, comme son concurrent, d'un nombreux public. Il criait ! il criait ! en tapant à coups de canne sur un tableau représentant St-Hubert à genoux, devant le Christ porté par un Cerf; mais, malgré les sons prolongés qu'il faisait sortir d'un grand cor en cuivre, sur l'air : *C'est le roi Dagobert, tra, tra, tra, tra,* il vendait peu. Sa figure rougie de colère, et peut-être un peu aussi par les liqueurs fortes, lui donnait un air de vieux cocher. Sa grosse tête était recouverte d'un chapeau à larges bords, garni de médailles ; son manteau chargé de coquilles retombait sur une vieille houppelande fermée à la ceinture par une grosse corde. Enfin ses deux yeux ronds, pleins de jalousie, le faisaient ressembler plutôt à un enragé, qu'à un *honnête* marchand qui ne cherche qu'à tromper ses acheteurs. Pauvre homme, vous auriez dû voir comme il était furieux !

— Vous vous écartez de votre sujet, lui dit l'ex-batelier.

— Le peuple, cependant, croit se préserver en achetant. Eh bien ! c'est une croyance comme une autre. *C'est le roi Dagobert, tra tra.*

—Un saint en qui l'on ne croit plus beaucoup, reprit Micheroux, c'est Saint-Thibaud.

<blockquote>
Il a dist-on, tos les mâ d'Saint Thibâ,
Il beut fôirt bin, et d'pus, il n'magne nin mâ.
   L'avez-v ètindou dire ?
C'est-on vî spot qu'ès pays tot avâ,
   On dit sovint po rire,
Qwand les haitî ont l'tôirt dè s'plainde à fâx.
</blockquote>

— Les livres de saints de chez mon père, répondit Paschal Corombelle, nous en disaient davantage. Il y a deux siècles, les curés écrivaient les miracles, les notaires les garantissaient par des titres, les médecins les reconnaissaient, les nobles et puissants seigneurs les approuvaient. Comment ne pas croire ces saintes choses si bien attestées (¹) ?

Ceux qui sont atteints de fièvre y font bénir du vin sous l'invocation de Saint-Thibaud; on y plonge un morceau de ses reliques, et ce vin leur rend la santé.

Il y en a bien, des saints et des saintes oubliés! continua l'ex-batelier. Sainte-Rolende, aux Bénédictines sur Avroy, à Liége, est complétement négligée.

— Je n'en ai jamais entendu parler.

— Nos pères y croyaient cependant. De mon jeune temps on l'implorait encore (²). On lisait son livre dans ma famille. Ce qui m'y frappait le plus, étant jeune, le voici en quelques mots.

« Elle renonce à l'alliance d'un prince d'Ecosse

(¹) Voyez *le Montaigu de St-Thibaud, ermite, prêtre, etc. par Ch. Jamotte, curé de Marcour.* Marche 1843, in-8. C'est une réimpression de l'édition de 1667.

(²) V. *La princesse fugitive, ou la vie de Sainte-Rolende.* Par F. Zutman, Liége, Ansion, 1667, in-12.

pour conserver sa virginité. Ste-Rolende fut faite prisonnière et envoyée à Liége. »

— Micheroux, devenu farceur par la boisson prise dans la journée, hasarda une observation qu'il est inutile de répéter. Nous fîmes de grands yeux.

— Ceci sort de nos croyances. Je continue par un beau miracle. « L'an 1615, Marie Latreie, âgée de 80 ans, après deux années de douleur, eut recours à Ste-Rolende; elle rendit une pierre de la grosseur d'un œuf, etc. Cette pierre est à Gerpinnes; elle sert d'étonnement à ceux qui la regardent. » On implore Ste-Rolende contre la stérilité et la mortalité des bêtes. Après son trépas, les cloches sonnèrent d'elles-mêmes très-mélodieusement. D'autres miracles arrivèrent par le moyen de l'huile qui coula de ce saint corps. — La complainte :

> A hutante an, li veie est quâsi fou ;
> Portant n'veye feumme fat ine pirre comme in où
> D'vant les Bènedictène
> Après s'nouvaine, qu'elle esteut co so l'soû.
> Les vesseie, les bodenne
> Et les colique, elle vis r'fait comme on noû.
>
> Sainte Rolende dit : A m'môirt ji vous poirter
> Avou m'peure âme mi sainte virginité.
> Qui vonss turtos à dial!
> Ni l'fi d'on roi, ji n'vous rin accepter.
> Peure, elle rifait l'grèvalle,
> Pirre ès l'vesseie et l'canàl arresté.

La complainte est vieille, cela se voit. Il faut passer bien des petites choses quand on remonte si haut. La grande fête de Sainte-Rolende est célébrée depuis le 13 mai 1663.

Nous finirons la soirée, mes amis ; moi, je vais reprendre ma femme, qui fait sa partie de *piquet* chez la voisine.

Bonne nuit, à bientôt. Camarade Micheroux, tachez de remonter à St-Maur, sans plus faire de *chapelles*. Une poignée de mains.

CHAPITRE XIII.

— Je vous attendais, mon ami, me dit en souriant le bon Corombelle (je n'ose plus l'appeler batelier tellement il a l'air cossu, notre vieux Paschal). J'admire votre persévérance : vous venez à Fragnée par tous les temps, toujours à la poursuite de votre but ; vous avez du courage.

Nous allons reprendre les saints de Liége et leurs petits livres. Vous saurez que dans nos ménages d'autrefois, on lisait peu ; les livres étaient rares. Le chef de famille possédait quelquefois un Sohet, une Histoire de Liége, par le carme Bouille ; les Chartes et privilèges des 32 bons métiers ; des Modèles d'actes et de lettres, puis quelques livres bien cachés à tous les yeux (il ne s'agissait pas de passer pour un Voltairien) ; je ne les connais même pas. Les livres se trouvant à la portée de tout le monde avaient pour titres : Source miraculeuse, etc. de St-Antoine ; les Relations des

Confréries de St-Hubert, de Notre-Dame de St-Remi, etc. etc., la Vie de St-Louis, celles de St-Roch, de St-Lambert, etc. etc.; un Esope, les *Avis spirituels* de Ste-Marie-Madeleine; la *Règle de St-Augustin*, le *Journal des Saints* ou *Méditations*, etc., recueil curieux d'un grand nombre d'actions édifiantes; enfin d'autres et d'autres que je n'ai plus à la mémoire.

Nos croyances s'en vont à grands pas; il y aura peut-être quelque intérêt à les rassembler. N'avez-vous jamais entendu parler de Notre-Dame de St-Séverin?

— Jamais.

— Eh bien! jeune homme, cette Madone miraculeuse était célèbre à Liége. Les merveilles et les miracles de la glorieuse Vierge Marie, de la paroisse de St-Séverin, formaient un petit livre tout plein de miracles. S'en faisait-il, des miracles! Pour gage d'authenticité, le notaire Rorive en passait acte devant témoins. Que de milliers de chandelles ont été brûlées devant cette image oubliée aujourd'hui! L'église ayant été fermée en 1803, la Vierge miraculeuse fut transportée, vers minuit, entre le 16 et le 17 décembre, de St-Séverin à St-Denis. Elle fut escortée par la gendarmerie et les agents, de crainte d'émeute; car les paroissiens voulaient que leur sainte Madone fût placée plus près de leur quartier, à St-Martin ([1]), où elle est encore.

— L'auteur des *Délices du pays de Liége*, dis-je à Corombelle, nous apprend que l'ancienne église St-Séverin ([2]) ne contenait rien de remarquable que l'image de la Vierge, dont de nombreux pélerins imploraient l'intercession en faveur des enfants morts-nés, ayant donné des signes de vie suffisants pour recevoir le baptême.

— Quand Micheroux viendra, nous lui ferons dire la complainte. Passons à la Vierge de St-Remi, qui a fait concurrence pendant les XVIIe et XVIIIe siècles à Notre-Dame de St-Séverin. J'ai bien connu l'église de St-Remi, fermée en 1803; quant à la Madone, vous pouvez l'aller voir à St-Jacques.

Mon père possédait la traduction d'un livre d'un curé de St-Remi, Manigart, protonotaire apostolique (1675). Que de beaux miracles ! Ecoutez plutôt : L'an 1647, sœur Catherine de St-Dominique, religieuse au monastère en Glain, fille d'honorable homme Jean du Rieu, apothicaire à Liége, commença une neuvaine à Notre-Dame

---

([1]) Manuscrit de Mouhin, appartenant à Mme Ve Parmentier de Liége.

([2]) Une halle aux viandes occupe aujourd'hui une partie de l'emplacement de St-Séverin ; le reste a été pris pour agrandir une place publique.

de St-Remi, pour maléfice et sorcellerie. Au 3me jour, étant à la messe, sœur Catherine vomit, après une quantité de pituites, quelques mèches de cheveux noirs. Le 5me jour, étant à la messe de la paroisse de St-Remi, à l'élévation, elle rendit par la bouche deux plumes de chapon, des plumes blanches, des cheveux, enfin de la paille de foin, avec un fil brun qui liait le tout.

— Qu'avait-elle donc mangé ?

— Je ne suis pas au bout. Le 6me jour, dit le livre du curé Manigart, elle se déchargea, avec des tranchées et des cris de douleur admirables (1), d'un paquet gros comme un œuf, composé d'étoupes, de chanvre, de cheveux et de laine jaune. Le peloton étant ouvert par le père de la déclarante, on trouva dedans : de la mousse verte, une *pille* de plomb, une longue épingle, un épi de blé, un morceau de cire blanche, des allumettes, des poils et des cheveux. Manigart donne l'acte passé devant le notaire Houssart, devant l'avocat Van Erp et autres témoins. Le dit acte est fait par Jean Houssart, notaire de la vénérable cour de Liége, en 1647.

Corombelle n'avait pas achevé, que Micheroux arrivait. Aussitôt on le pria de réciter les com-

---

(1) *Les merveilles de la glorieuse Vierge Marie honorée en l'église de la paroisse de Saint-Séverin.* Liége. Lenoir, 1681, in-12.

plaintes des deux Vierges tant implorées par les Liégeois des deux siècles derniers.

A Notru-Dame di Saint-Sèvèrin.

1.

A Saint-Sev'rin, qwand on s'vèyéve mori,
A Notru-Dame on aveut qu'à cori :
   On k'nohéve vosse dimande.
Môrt-né, aveule, elle saveut les r'wèri ;
   Po n'chandelle et n'offrande,
Les moitès kohe elle les féve riflori. (¹)

2.

Les grands miråke, on les compte cial par cint !
Ji m'contint'ret de citer l'fi Fassin
   Q'aveut pierdou l'parole,
Qu'esteut sourdaut ; lu même è fat siermint
   Comme ine lèçon d'ès s'cole :
Plâie et rompeure si r'fit à Saint-Sev'rin.

Notru-Dame di Saint-R'meie.

1.

Ine soûr Cath'renne aveut ès coirps on chet ;
So si s'toumac, c'esteut l'plonke à boquet ;
   Ça v'néve d'on sôrtulège !
Tot fant n'nouvaine elle vômiha des ch'vet,
   Des brocalle, des poïège !
Eplàsse, lav'mint, rin n'aveut fait effet (²).

(¹) Même ouvrage, pages 55-56.
(²) Henri Manigart, curé de la paroisse St-Remy. Liége 1675. — Ouvrage appartenant à M. Ulysse Capitaine.

2.

> Toumîz-v d'on mâ, estîz-v sourdaut, mouwai ;
> Avîz'v ine jambe, on d'mèie coirps ès wahai ;
>   A sein avîz-v on s'kire !
> Prêt à pèri, à ch'vâ, d'vins on batai....
>   Ine offrande et n'priîre
> A l'Notru-Dame, — et v's estîz-t-à parfait.

— Tout cela est bien oublié.

— Nous sommes aujourd'hui le 10 novembre 1850 ; eh bien ! jeune homme, les Confréries existent encore. J'en connais des membres ; ils payent deux escalins par an, fr. 1,17 centimes ; ils auront une messe, à leur mort. Je me rappelle avoir été moi-même prier devant ces images vénérées avec ma mère.

Le 4 décembre 1803, à trois heures de l'après dîner, on porta processionnellement à l'église St-Jacques, l'image de la miraculeuse Vierge jusqu'ici honorée dans la paroisse St-Remi ([1]).

— Nos pères faisaient grand cas des vieux livres que vous citez ?

— Les braves bourgeois de Liége ne connaissaient aucune histoire plus intéressante, et ces livres étaient pour eux de la bonne couleur, de la couleur du prince. Je parle du temps où l'on ne

---

([1]) Mouhin. MS. cité.

songeait pas encore à tout renverser. Il y a encore des gens, aujourd'hui, qui s'abonnent de préférence aux journaux représentant les idées du pouvoir. Il ne faudrait qu'un revirement dans les élections pour voir reparaître insensiblement mes petits livres. Autrefois, du moins, on les recherchait naïvement ; à présent ce serait autre chose. J'en sais plus d'un qui renonceraient à leur journal pour des places et des honneurs ; ils changeraient même de connaissances et d'amis.

— Voyez donc quelle mouche l'a piqué ! *Il fât danser comme li mestrez sonne !* répondit Micheroux.

— Si depuis trente ans ces statues ont perdu tout crédit, reprit Corombelle, Ste-Adile, à l'église de St-Jacques, conserve une grande popularité. Le 18 et le 20 juillet, des flots de croyants se pressent vers Ste-Adile pour se faire toucher les yeux avec un verre de la relique. Trois ou quatre bancs, rangés à la file sur toute la longueur de l'église, se remplissent, se vident et se remplissent de nouveau, indéfiniment. On dépose son offrande et l'on s'en retourne bien certain d'être guéri.

— Je connais à ce sujet plusieurs légendes, dis-je à mes deux conteurs, entr'autres la vie des saintes femmes et l'histoire de Ste-Odile, par de Bussière. Ste-Adile et Ste-Odile ont les mêmes vertus, elles guérissent toutes deux les maux d'yeux. Leurs miracles sont très-beaux : les pleurs de l'une d'elles ont perforé un rocher ; cependant, malgré son chagrin, elle a perdu la vie à 103 ans. *L'Hagiographie belge*, par Dufau, t. 1, mentionne Ste-Adile et non Ste-Odile.

— Ce serait bien la même sainte.

— Je ne dis pas non. Quoi qu'il en soit, Ste-Adile pleura bien longtemps pour délivrer l'âme de son père ; résolu de fuir les dangers du monde, elle se retira en Hesbaye, sur une hauteur, où elle bâtit une église en l'honneur de St-Martin. Le couvent et l'église ont disparu ; mais il y est resté une fontaine encore appelée la fontaine de Ste-Adile, où l'on va chercher de l'eau pour les yeux.

Voici la complainte, dit Micheroux.

    C'est sainte Adile qu'a wârdé l'pus grand r'nom !
    Rin qu'à v'sègni ça fait miràke, dist-on ;
        C'est l'sainte qui fait veie clére.
    Les pus laids ouye, les màvas div'net bons.
        L'er'lique qui l'veûle ressére
    Amône ine chaîne di tos bais patacon.

Je me rappelle avoir vu dans les petits livres de la maison, reprit Corombelle, de superbes miracles ; entr'autres dans l'abrégé de la *Vie de St-Bertuin*, à Malonne, publié à Liége, chez Jean

Van Milst, imp. de son altesse Sérénissime, etc., et dans la *Vie de St-Donat*, qu'on implore en temps d'orage. Ce dernier volume datait de 1758 ; en vente chez Bourguignon, imprimeur de la noble Cité de Liége.

— Je les connais par ma mère, dit Micheroux ; vous aurez les complaintes.

— Encore ?

— Oui, certes.

— J'écoute, Messieurs.

— Je me rappelle que St-Bertuin divisa une masse de fer aussi nettement que les puissantes machines de Seraing le feraient aujourd'hui, d'après les mesures demandées. Le saint évêque n'avait qu'une petite bouteille, laquelle ne pouvait étancher la soif d'un seul ouvrier. Levant les yeux au ciel, il multiplia tellement la boisson par ses signes de croix, que tous les ouvriers furent contents.

Un chariot descendait une côte avec grande impétuosité ; sur son chemin, il rencontra un enfant qui fut quasi brisé des jambes et de tout le corps ; St-Bertuin implora la miséricorde de Dieu sur l'enfant et lui impétra une entière guérison.

En 1620, un censier (fermier) de Floriffoux menait un chariot chargé de foin, le jour de la Translation (le Synode de Liége avait publié qu'on ne fêterait plus ce jour); mais, en passant par la paroisse de Malonne, il fut contraint de s'arrêter ! Et pourtant il y avait seize chevaux ! D'après le petit livre, c'était St-Bertuin qui punissait justement ceux qui ne gardaient pas la fête de la Translation ; le saint évêque jetait ainsi un blâme sur la décision du Synode de Liége.

St-Donat, continua Corombelle, préserve de la foudre, du tonnerre, des tempêtes, des orages, etc. On l'implore aussi contre les incendies ; je vous renvoie aux petits livres, si vous désirez connaître ses nombreux miracles. Je me souviens seulement que le Saint fut martyrisé pour avoir refusé une reine en mariage.

— Je vais vous chanter tout cela, reprit Micheroux, en toussant trois fois. Voilà :

1.

L'èvèque Bertuin po l'miråke fout fameux !
I r'tourna l'fiér sins usteie ni sins feu,
È l'copa-t-à s'ideie ;
Mais so l'ovrège nos ovrî qu'avît seu :
On n'aveut qu'ine boteye !
Là, nosse brave saint l'implihe d'on sègne di creux.

2.

On p'tit valet coréve et féve li sot,
Qwand so tot s'coirps passa-t-on gros chèriot
Qu'è l'siprâche comme ine figue !
In aute èfant, d'on mâ touméve so tot ;
On lè poirta-t-âx r'lique
Et l'saint d'Malône les r'fat à prumî mot.

3.

> Li saint Donat, d'ess foû brave fait les vœux,
> So totes les feumme il promette de fer n'creux ;
> Mais vocial qu'ès mariège
> Il r'fuse ine Reine ! po ça, on l'côpe ès deux !
> « On l'preie qwand fait n'orège
> Et qui l'tonnîre va jeter tos ses feu. »

Voilà ce que la mère Micheroux racontait à ses pratiques dans ses visites ou dans ses pélerinages. J'ai bien retenu, n'est-ce pas ?

— Ces saints ne sont presque plus connus à Liége, dit Corombelle ; parlons plutôt de Sainte-Marguerite ; celle-là n'a point perdu son crédit.

Rarement les femmes du peuple et vos dames oublient la neuvaine à Sainte-Marguerite, quand elles sont dans le huitième ou neuvième mois de leur grossesse. Elles vont porter de quoi faire dire des messes le premier et le neuvième jour, et de quoi faire brûler des cierges.

Il y a quelque chose d'intéressant dans ces pélerinages du dimanche ; les jeunes couples des environs viennent implorer la bonne Sainte pour obtenir une heureuse délivrance. La position de ces belles jeunes femmes rondelettes ferait prier les moins croyants.

— Vieux farceur, répliqua Micheroux. *Bin oui-dà !*

— Je suis père et grand-père ; je sais à quoi m'en tenir. Dans les anciennes familles du pays, on conserve encore des prières imprimées, des images bénites, des ceintures et des reliques en l'honneur de Sainte-Marguerite ; ces talismans servaient à donner du courage et de la confiance à nos aïeules et bisaïeules au moment de la crise. Nous savons que les jeunes dames d'aujourd'hui ne dédaignent pas les vieux souvenirs bénits ; les anciennes reliques, toute fanées par l'usage, sont encore très-recherchées. Dans les familles où l'on a conservé de l'attachement l'un pour l'autre, les vieilles habitudes sont restées. Les sœurs, les parentes, les amies vont prier pour les dames en couche ; l'anxiété est peinte sur les visages des maris et des pères, et s'ils ne songent guère à Sainte-Marguerite, leurs pensées se dirigent vers Dieu et lui demandent du secours.

Dans ces moments solennels, la grande chandelle bénite qui brûle à minuit, à Noël, est allumée dans une autre pièce ; ce cierge brûle à notre arrivée dans ce monde ; et de même, on le rallumera pour notre départ dans l'autre !

— Vous n'êtes pas gai, père Corombelle : heureusement que moi, Micheroux, j'ai la complainte. Voilà :

> Qwand elles estit divins leu nouvème meus,
> Les feumme priit tot complant so leus deugt,
> Li bonne sainte Margarite.
> L'eune aveut sogne, l'aute aveut l'coûr joyeux ;
> Po des messe on d'nnéve vite,
> Po qu'sins doleur l'èfant vinahe tot dreut.

Vous ne dites pas, mon brave, que pendant les douleurs de l'enfantement, les personnes de la famille allaient, en priant, faire trois fois le tour de la Cathédrale de saint Lambert (en dehors).

J'ai fait bien souvent ces trois tours avec ma mère qui s'en chargeait pour ses clientes, moyennant une juste indemnité. Mais alors nous tournions autour de l'église Saint-Paul. La nuit, on nous donnait davantage. N'oubliez pas non plus que pour accoucher heureusement, les femmes disent cinq *pater* en l'honneur des cinq mille Vierges (je ne sais si celles-ci sont de la compagnie des 11,000 de Cologne).

Ne laissons pas de côté Saint-Eloi, si vénéré du temps passé, reprit Corombelle. La rue St-Eloi existe encore ; mais la chapelle est démolie.

« En déplaçant la vieille route pour le fort de
» la Chartreuse, on fit disparaître une antique
» petite chapelle où se trouvait la statue renom-
» mée du bienheureux Saint-Eloi. On accourait

» invoquer ce grand Saint pour les maladies des
» chevaux, de plus de six lieues à la ronde (1). »

La statue de Saint-Eloi a été transportée de la Chartreuse à l'église Saint-Remacle. A la fête paroissiale, il se dit une messe en l'honneur du Saint ; beaucoup de fermiers et de paysans y assistent encore ; mais ils n'amènent plus leurs chevaux.

— De son temps, Saint-Eloi a protégé les chevaux. Je sais par le livre de Schayes (2) que dans l'allocution pastorale adressée par Saint-Eloi aux habitants de la Flandre et de la province d'Anvers, le seizième titre de ce document défend de tirer des présages de l'inspection du cerveau des animaux immolés aux dieux, et de suspendre aux arbres des forêts sacrées, les têtes des victimes et principalement celles des chevaux.

Voilà pourquoi, mon cher Corombelle, les peuples de la Belgique et de la Bretagne implorent Saint-Eloi pour leurs chevaux.

« Comme saint Corneli, cet ami des bestiaux,
» Eloi, dans ce temps-là, protégeait les chevaux (3) »

(1) F. Henaux. *Le cimetière de la ville de Liége*, Bruxelles, 1862, in-18.
(2) *La Belgique et les Pays-Bas*, etc.
(3) *Les Bretons*, par A. Brizeux.

Dans les villages de la Hesbaye, de même qu'à Audenaerde, reprit Micheroux, on donne les reliques de Saint-Eloi à baiser aux chevaux le jour de sa fête. Les fermiers arrivent en foule à l'église pour obtenir la protection de Saint-Eloi sur leurs bestiaux. A cette même date, 25 juin, les chevaux du village de Glons et des environs, fêtent leur protecteur par une journée de repos et reçoivent une double ration.

— Je me souviens, dis-je, que nos vieux auteurs parlent de Saint-Eloi ; mais ils le citent comme le patron des orfèvres, en Belgique comme en France. Les orfèvres pourront s'assembler tous les ans après la messe de Saint-Eloi, nous dit Louvrex, page 324, t. III. Dans le recueil des *Trente-deux bons métiers*, une ordonnance dit : « de toute antiquité, nous avons toujours tenu et tenons encore présentement à la protection de notre bon patron Monseigneur Saint-Eloye et l'ayant accoustumé à lui porter chaque an une chandelle et fait célébrer une messe solennelle, pour prier Dieu pour la prospérité de la Cité et des compagnons du dit bon métier des febvres et pour les trépassés, avons ordonné que tous ceux qui hantent le bon métier doivent se trouver à la messe, sous peine d'une amende de trois pattars de Brabant. » (*Ordonnance de* 1587.)

Lisez le *Livre d'or des métiers* : de l'orfèvrerie (¹), il vous dira pourquoi l'orfèvre Eloi, le saint évêque de Tournai est le patron des fabriques où l'on travaille les métaux précieux.

On nous montre St-Eloi taillant les pierres fines et les incrustant dans les grandes châsses d'église ; puis montant des ateliers et fondant des monastères, tout à la fois civilisant les barbares et polissant l'or et l'argent. Il surpasse les meilleurs artisans de Limoges. Quand son marteau se repose, il reprend sa crosse d'évêque, qu'il a peut-être ciselée lui-même.

— Connaissez-vous le mal de St-Eloi ? — Comment, reprit Micheroux, comment ne connaîtrais-je pas les remèdes *po l'mâ d'sainl-z-Elôie* (²), pour les plaies aux jambes, les plaies bleues, etc. On allait au pont d'Amercœur acheter une miche ; on la faisait bénir à l'église St-Remacle, on demandait de l'eau bénite pour une offrande, et pendant les neuf jours de la neuvaine, le blessé mangeait à son lever un morceau de la miche trempée dans l'eau bénite. Puis on lavait la

(¹) Bibliophile Jacob (Paul Lacroix).

(²) Le mal St-Eloi, le mal St-Jean, le mal St-Fiacre, le mal St-Remacle, le mal St-Guy, etc., etc., tous ces maux étaient déjà connus en France au moyen-âge. V. *La magie*, par Alf. Maury.

plaie avec la même eau. La miche bénite reste fraîche pendant les neuf jours, dit-on. Oui-dà !

Quelques vieilles personnes désignent les croûtes à la peau, les dartres et les plaies bleues, sous le nom de mal de St-Julien. *Li miche di St-Julin*, toujours dans le même endroit. « Dehos parle d'un hôpital St-Julien, près du pont d'Amercœur. » Nous savons déjà qu'à Huy, on implore St-Quirin (St-Quoilin) pour le même mal ([1]).

La complainte est de 22 couplets ; nous nous contenterons du premier :

> Si vos avîz des farineux mustai,
> Dès grossès jambe qui pèlît so leu pai,
> C'esteut-à saint-z-Elôie,
> Divant s'posteure ou bin d'vant l'grand tâv'lai
> Qu'on vudive si mannôie;
> Po saint-z-Elôie, on d'nnéve tot sôrt di bai.

— Déjà neuf heures ! allons-nous-en comme les gens de la noce, chacun chez nous.

Nous étions au 1ᵉʳ décembre, *fiesse di St-z-Elôie*. L'Annuaire de notre Société wallonne dit : *Saint-z-Elôie, patron des mestî des fèbvre. Les chèrron mettet ine bannîre à l'tiesse di leu ch'vâ.*

([1]) Voyez Huy.

CHAPITRE XIV.

Après les compliments ordinaires, Corombelle me dit que nous avions oublié une antique statue très-renommée qui se voit encore au centre de la ville. — Allez à droite en montant, me dit-il, aux Degrés de St-Pierre, vous trouverez dans une vieille maison la statue, en bois vermoulu de Ste-Rwesmel. Les femmes du peuple et les gens de la campagne implorent cette Sainte pour la guérison des maux de ventre ; on y conduit les enfants souffreteux. Plusieurs personnes âgées assurent que les jeunes filles qui prenaient des tournures de femmes mariées allaient prier la Sainte en répétant dans leurs prières : *Ah ! binamêie Ste-Rwesmel ! riwestez-m'el !* Otez-moi mon mal de ventre ; ôtez-moi ce qui fera ma honte.

Pour un mal comme celui-là, il faut une grande puissance, de bonnes offrandes. Ecoutez :

Ax gré d'saint Pire, on jâse dispôie longtemps,
D'ine veye calbotte à tos r'méde soverains :
C'esteut li sainte Rwesmel,
Qui r'wèrihéve les brave et les calin
Po n'blanmuse et n'chandelle :
Fameux commerce qu'aminéve les s'kèlin ! (1)

Si, d'vins l'jônesse, on vinte div'néve trop gros,
Après n'magneure d'on boquet on pau glot,
On dit qu'pus d'ine bâcelle
Ax gré d'saint Pire, priit tot d'hant treus mot :
Binamêie sainte Rwesmel !
Si j'a ridé, c'est câse di mes sabot.

(1) Nos soirées chez Corombelle se reportent à 1850. Dix ans plus tard, la petite maison, appartenant à M. Pickman, rue Degrés de Saint-Pierre, a été expropriée par la ville de Liége, pour cause d'utilité publique.

Le propriétaire produisit un bail authentique démontrant que sa petite masure était louée quatre cents francs; il demandait en conséquence huit mille francs, tandis que les experts n'en offraient que quatre mille, prix déjà trop élevé. Il fut établi dans les débats que la location de fr. 400-00 était due à la présence d'une statue scellée dans le mur. C'était la Sainte-Rwesmel qui faisait venir l'eau sur le moulin et qui était la source de beaux bénéfices, en attirant de nombreux pélerins. Le locataire payait régulièrement et faisait de bonnes affaires avec les croyants.

Le tribunal eut égard, dans son jugement, à cette circonstance; il n'alloua à l'exproprié que le chiffre fixé par les experts, en autorisant toutefois celui-ci à reprendre sa statue.

On procéda à la démolition. Ce fut alors que la fabrique de Sainte-Croix intervint et fit défense à la ville de remettre à l'ex-

Micheroux vient d'entrer. Il prend aussitôt la parole.

— Avez-vous oublié vos serments, vos promesses d'aimer toujours ; enfin, avez-vous abandonné votre fiancée ? Si vous avez été assez imprudent pour lui laisser une mêche de vos cheveux, prenez garde ! Ce gage *vivant* peut vous conduire à la mort !

proprié la statue, dont elle se prétendait propriétaire. Pour ne pas interrompre les travaux, il fut convenu qu'en attendant l'issue du procès, la statue de Sainte-Rwesmel serait transportée dans les caveaux de l'Hôtel-de-ville.

Le temps change les mœurs et dissipe les prestiges ; la Sainte était détrônée ; on ne croyait plus à son mérite ni à son pouvoir. Plus tard, la fabrique de l'église Ste-Croix renonça à revendiquer ses droits. On retira du *violon*, pour la rendre à son propriétaire, l'image de la sainte abandonnée. C'est à la lettre : on l'avait traitée comme une vagabonde.

> Et vola k'mint,
> Divins nosse timps
> On hèra l'Sainte
> Qui r'féve les vinte,
> Sins nol façon,
> Ès neur violon.

Cinquante ans plus tôt, la statue eût été transportée à l'église la plus rapprochée, en procession, avec tout le clergé et la gendarmerie, comme on avait fait pour la Madone de St-Séverin et pour Notre-Dame de St-Remi.

Ce secret terrible m'a été confié tout bas à l'oreille. Attention ! La jeune fille délaissée prend une noix muscade, *iné lémoscâde*; elle y écrit, avec la pointe d'un canif, les noms de son amant inconstant et infidèle, et ses propres noms également. Ensuite, les cheveux du trompeur sont tournés sur la muscade gravée ; celle-ci, coiffée de la sorte, est enterrée sous les racines d'un sapin. Plus la sève de l'arbre résineux fait pousser la noix muscade, plus le jeune homme redevient amoureux de sa délaissée. Mais si la belle persiste à le dédaigner, si elle devient aussi ferme qu'elle avait été tendre, le jeune trompeur paie son ingratitude de sa vie et la jeune fille est vengée. Voilà !

Dernièrement encore, dans un de nos faubourgs, une demoiselle courait après son infidèle pour lui couper une mêche de ses cheveux ; le jeune garçon avait de l'avance : il eut le temps de se faire tondre à la malcontent.

— A Maestricht, reprit Corombelle, avant d'employer des remèdes aussi violents, les jeunes filles et les garçons font des neuvaines à St-Amour enterré dans cette ville. On le prie pour trouver un amant constant, pour être aimé de celle qu'on aime. On lui demande aussi de rendre de la force aux maris trop vieux... mais respectons les secrets d'autrui.

Je pourrais vous citer bien des recettes wallonnes. On se débarrasse des cors aux pieds en suivant un mort que l'on conduit en terre. On doit tutoyer le cadavre de la sorte : *Prinds mes aguesse! et poite-les avou ti ès térre!* Il paraît que le remède est excellent ; on est quitte à bon marché, comme vous voyez, d'une masse de *mèhin*. (¹)

D'autres personnes disent pour le même mal, en suivant un convoi funèbre : *Ji t'fais pârt di mes aguesse;* après, vous entrez dans la première église venue pour dire cinq *pater* et cinq *ave* en l'honneur de Dieu, de la Ste-Vierge et de Ste-Guérinette, pour le repos de l'âme du cadavre qui doit porter vos *aguesse* en terre.

—Ste-Guérinette n'est guère connue ?

—Mais si, à Angleur et dans plusieurs endroits.

Dans ces villages, on se débarrasse des poireaux d'une manière peu charitable, fort peu chrétienne en tous cas. Vous fourrez votre main, chargée de ces vilains boutons, dans le bénitier d'une église où vous allez pour la première fois, et vous avez soin de dire : *Tins ! volà po l'ci qui vinret après mi;* puis vous partez sans vous retourner.

(¹) Dans les Ardennes, on dit :
        Moirt qu'on poite ès térre ,
        Ji-t'diré treus *pátér* ;
        Poite mes aguesse avou ti ès térre.

— Le premier venu retrouve les poireaux.

— On le croit ainsi. Autre moyen pour le même mal : *frottez vos porai avou 'n'ohai d'moirt*. Comme vous n'avez pas toujours des os de mort sous la main, prenez un clou avec lequel vous frottez vos poireaux, puis jetez le dit clou en arrière, sans vous retourner, et dites : *Volà po l'ci qui t'ramass'ret*. Voilà pourquoi le paysan se garderait bien de ramasser un clou sur son chemin.

Que de traditions dans le peuple, plus ou moins défigurées, mais encore reconnaissables ! Que de préjugés, que de croyances bizarres, que d'observations quelquefois justes et profondes, sous l'apparence d'une niaiserie !

En Hesbaye comme dans les Ardennes, les habitants croient que si deux cousins germains se marient, l'un des deux ne tardera pas à devenir veuf. Superstition sans doute; mais demandez aux savants s'ils ne recommandent pas le croisement des races, et si la vigueur des familles n'est pas compromise à la longue par les unions habituelles entre parents.

Voici des préjugés dans toute la force du terme:

Deux pailles, deux bâtons ou deux couteaux en croix : signe de querelle.

Un petit bâton flottant sur votre tasse de thé : annonce de la visite d'un étranger.

Un point brillant sur le noir de la mêche d'une lampe allumée : arrivée prochaine d'une lettre.

Votre oreille chante : on parle de vous, en bien ou en mal, selon l'oreille (droite ou gauche).

Un rond de petites bulles au milieu de votre tasse de café : signe d'argent ou de beau temps.

L'eau qui chante quand on met la marmite au feu : querelle. Si c'est l'eau placée au feu pour laver les assiettes et qu'elle bouillonne : la servante restera sept ans avant de se marier.

Si l'épingle, l'aiguille, les ciseaux, etc. etc., que vous laissez tomber, si tous les objets en pointe restent plantés en terre : encore signe de querelle.

Ne donnez ni ciseaux ni couteaux à vos amis : ces objets coupent les amitiés.

Si c'est une vieille femme qui vous demande la charité, la première, un lundi matin : annonce de désagréments pour toute la semaine. — *Vos estez seigni, dist-on à Lîge.*

En vous levant, si vous entrez la pointe de votre pied dans le talon de votre bas : encore signe de querelle et dispute.

En sortant, le matin du 1ᵉʳ janvier, les jeunes filles qui demandent le nom du petit *valet* qui leur souhaite la bonne année, savent le nom de leur futur mari.

Si c'est une petite fille qui vous souhaite la bonne année la première : fatalité ! *mâle aweûre !*

Les enfants apprennent cela par leur bonne ; ils savent souvent ces choses-là mieux que leurs prières.

Rencontrez des cochons en allant en visite : on vous fera mauvais accueil. *Vos serez règrogni.* Mais si, au contraire, vous rencontrez des moutons venant vers vous, soyez-en sûr, on vous recevra avec beaucoup de plaisir.

Si vous cassez un miroir, signe d'un double malheur !

— C'est toujours malheureux de casser.

— Pour ça, oui ! Chatouillement à la main droite, signe d'argent ; est-ce à la main gauche ? attendez-vous à recevoir des coups.

Jeune fille laborieuse, si vous mouillez trop fort votre tablier en lavant la maison, vous épouserez un homme qui se grisera ; *vos marierez ine solêie.*

— Si vous tombez dans une pareille disgrâce, préparez discrètement à votre mari des omelettes aux œufs de hibou : il cessera de boire.

Mademoiselle, si vous rencontrez un cheval blanc qui remue la queue, vous êtes sûre de voir celui que vous aimez.

Eternuez trois fois avant de déjeûner, vous apprendrez une nouvelle pendant la journée.

Dois-je continuer ?

— Je vous en prie, Micheroux, dit Corombelle.

— Le chat se lave et passe la patte derrière

l'oreille: signe de pluie. Pourquoi pas?—Un cheval laisse son engrais devant votre porte : signe d'argent.

Dans une procession, si la Vierge se repose devant votre porte, il y aura chez vous un mariage ou un mort. S'il se trouve un malade dans la maison, il en recevra une impression des plus fâcheuses. En revanche, s'il y a une demoiselle à marier, elle n'en dormira pas de joie.

Une jeune personne qui tombe à la tasse ébréchée, dans une assemblée, épousera un veuf.

L'âne qui brait, le marchand qui passe en criant *des cwî des losse*, annoncent la pluie.

Un cheval qui hennit, signe de beau temps : il est en bonne santé. Le charbon qui pétille et vous lance du feu, vous annonce une nouvelle. L'enfant qui ne pleure pas à son baptême, quand on le tourmente en lui mettant du sel dans la bouche, sera bon et facile ; on ne le portera pas à Saint-Breiât.

Avez-vous eu le malheur de perdre un enfant ? Ne donnez jamais son nom à ceux qui lui succéderaient, vous leur porteriez malheur.

Ne pesez pas vos petits enfants ; n'écoutez pas les artistes forains qui veulent faire leur portrait : tout cela est nuisible, disent les vieilles gens. Mais les photographes ont si bien fait qu'on n'y croit plus guère ; d'ailleurs, ils n'ont tué personne, que je sache.

On dit aussi que les petites filles et les demoiselles qui sifflent font pleurer la Sainte Vierge.

Gardez-vous de faire tourner les chaises : ce serait attirer des querelles.

La nuit de la fête de St-André, les jeunes filles, en se couchant, jettent leurs bas en arrière en disant : — Saint-André, bon batelier, fais-moi voir dans mon dormant, le mari que j'aurai dans mon vivant. Mettez-lui entre les mains ce qui fait gagner du pain. — Ce sont des rimes, s'il vous plaît ! Les jeunes personnes s'adressent aussi à la pleine lune, en disant par trois fois, sans respirer : — Lune, charmante lune, fais-moi voir, etc.

Celle qui change souvent le mobilier de sa chambre à coucher ne se mariera jamais.

Si une troisième main ne sépare pas les deux mains de deux fiancés qui tiennent la chandelle sur l'enfant qu'on baptise, ils ne se marieront pas non plus. Avis aux intéressés.

— Je m'en souviendrai, Monsieur Micheroux. Mais varions nos plaisirs ; n'auriez-vous plus un seul petit pélerinage, pour finir notre soirée ?

— Voyons donc ! Si-dà ! je vais vider mon sac, en vous montrant qu'il n'était pas sans danger de regretter les offrandes qu'on avait données. Ecoutez. Une femme revenait toute heureuse du pélerinage à Notre-Dame d'Angleur, où elle s'était débarrassée de ses deux béquilles, qui avaient été pendues à la chapelle, à la suite du miracle. Elle sautillait, toute heureuse, devant sa voisine, en disant : — *Aoi, mais avou tot çoula, Notru-Dame a m'belle creux à diamant ! ji pous bin danser, ça m'cosse assez !* Au même instant, cette femme retombe perclue, sans plus pouvoir se servir de ses jambes : elle était incurable pour la vie ! Oui-dà ! C'est la vérité vraie.

Ecoutez la complainte :

Li cisse qui r'proche ritomme pareye qui d'vant ;
Elle rattrape même des mâ èco pus grands.
A Notru-Dame d'Angleur,
Jeanne, sins ses crosse accoréve tot poch'tant,
Tote binâhe di si aweur :
Elle ritouma tot r'grettant s'creux d'diamant !

Attention encore.

Quand on fait un pélerinage pour une personne morte, on doit, en quittant sa maison, jeter *on cochtai*, en d'autres termes, un morceau de charbon de terre brûlé et conservant du feu. Alors, s'adressant au mort, on lui dira, en le tutoyant (condition essentielle) : — *Rote divant, j'i t'sûs, vas à l'âté ! J'i t'va trover !* Si vous ne prenez ces précautions, vous êtes sûr que le mort ne tardera pas à vous sauter sur le dos et vous aurez, pendant tout votre voyage, à supporter, bel et bien, un poids équivalent à celui du défunt, en chair et en os; vous n'en serez quitte que lorsque vous serez arrivé au but de votre voyage. Supposez un gros homme, et jugez si c'est agréable !

Ah ! ma mère prenait ses précautions, elle qui pélerinait à titre de messagère, je veux dire voyage payé.

— Votre mère, M. Micheroux, faisait-elle ses pélerinages consciencieusement?

— Sans aucun doute, Monsieur; seulement, elle avait soin de prendre les chemins de traverse, les plus doux, les plus courts. Nous n'avions pas les chemins de fer comme aujourd'hui en France, pour nos pélerinages. Ma mère disait toujours à ses clients; plus vous donnerez d'argent, plus le voyage sera bon. Ensuite, elle prenait sa commission sur les messes qu'elle faisait dire. Enfin, quand elle était bien épuisée d'avoir prié, si elle se ménageait de quoi se payer un bon café, que le bon Dieu lui fasse paix! Et pour les pélerinages *qu'elle âreut polou rouvî*, elle a donné trois cents francs pour les pauvres, à sa mort.

La soirée est finie.

En revenant de Fragnée, Micheroux, plus finaud qu'on ne croit, me racontait qu'en France les pélerinages s'organisent sur une grande échelle.

— Voyez Paris, la capitale du monde civilisé, dit-il : c'est là qu'on brûle des chandelles, et fines donc, comme des queues de pipe ! Allez à la Madeleine, Monsieur, allez à St-Nicolas, à St-Eustache et à St-Roch : vous verrez des chandelles à un et deux sous. Quel beau produit, pour la finesse !

CHAPITRE XV.

—Le froid se fait sentir ; n'est-ce pas, M. Corombelle? Comment vous portez-vous, par ce temps?

— Mais très-bien, mon jeune camarade; je suis habitué à tous les mauvais temps. Les brouillards de la Meuse ne font pas peur au vieux batelier.

— Vous êtes bien fort pour votre âge.

— Grâce à Dieu, la santé est très-bonne pour un homme qui a fait les campagnes de Napoléon. Je me suis endurci dans les neiges de Moscou, en 1812. Je n'aurai bientôt plus le plaisir de vous voir, jeune homme. Venir à Fragnée par le froid qu'il fait, ce n'est pas amusant; ensuite, je n'ai plus rien à vous apprendre. Cependant, nous verrons : venez le 24 de ce mois, nous chercherons s'il n'y a vraiment plus rien.

—Je n'y manquerai pas. Merci, M. Corombelle. Mais j'entends du bruit dans l'autre pièce? vous avez du monde; je me retire.

—Restez, camarade, je vous en prie. C'est ma femme qui prépare des jouets pour les enfants de nos enfants. Ah! la grand'mère est bien plus heureuse que les enfants qui seront éblouis pour un moment. Demain, 6 décembre, nos jeunes familles arriveront avec la croyance que St-Nicolas sera venu tout exprès du ciel pour leur apporter des centaines de petits riens qui feront leur joie.

Par une fenêtre donnant sur la cour, nous allons voir la bonne grand'maman, partageant de grands paniers remplis de pâtisseries et de bonbons de tous genres. Chaque table différente recevra la même quantité de massepains, de lettres farcies, pâtés, pommes, noix, marrons, etc. Voyez, dit Corombelle, sur chaque grand plat : 2 *golzâ*, 2 *michot, couque et bounamme etc.; li ch'vâ godin*, 3 *poppe, des chèrette, des cavaïre, des comèdeie et des manège!*

Nous n'en finirions pas s'il fallait énumérer tout ce bazar. Quelle abondance pour l'ex-marchande de chaux ! elle se voit plus riche que les millionnaires : elle peut, enfin, faire St-Nicolas. Quelle joie! Son fils aîné, son cher Jean, lui a dit :
— Tiens, mère; ajoute ces trois cents francs à ta bourse : je les ai gagnés en une demi-heure. Et la grand'mère s'empresse de les rendre à ses chers petits enfants.

—Venez vous chauffer, vous avez froid, me dit le vieux mais solide batelier ; laissons ma femme à son bonheur.

Ce jour-là, à cette époque, on fait accroire aux enfants que St-Nicolas descend sur terre avec son domestique Hanscrouf et l'âne aux bodets chargés de bonbons et de jouets. (1) Ils viennent récompenser les enfants sages. Aussi, quinze jours avant le 6 décembre, gare les espiègleries !

On avertira St-Nicolas ! — Voyez donc, à chaque instant, ces chers petits agenouillés devant la cheminée et s'écriant : « *Jé l'ferai plus grand saint ! Ferai jamais plus, Colas ! O toujours maimé, St-Colas !* Ce qui ne les empêche pas de recommencer, ni plus ni moins que les grandes personnes.

— Le meilleur côté de nos croyances populaires, dis-je à Corombelle, c'est toujours celui qui touche aux affections de famille.

Après avoir remarqué les petits sacs, forme panier, faits de papier blanc, contenant du chocolat, et placés dans la cheminée par les enfants, je souhaitai le bonsoir à mon vieil ami.

(1) Dans son livre sur *la magie et l'astrologie*, Al. Maury dit, page 161 : « Par suite de repas qui se célébraient au moyen-âge en l'honneur des fêtes de St-Nicolas, de St-Urbain, de St-Martin, ces saints finirent par être regardés comme les patrons de la bonne chère, et l'on célébrait, dans des chansons, la protection qu'on leur attribuait sur les amis des plaisirs de la table. »

Nous sommes au 24 décembre 1850.

Je suis invité à une petite fête de famille chez Paschal Corombelle. — Peut-être bien, m'a-t-on dit, aurons-nous des enfants.

En effet, un de leurs fils, sa femme et deux charmants enfants entourent un gros feu de houille. Le vrai feu de Noël !

Dans la pièce voisine, on prépare le souper traditionnel ; pour peu que la porte s'entr'ouvre, une petite odeur de friture vient agacer l'appétit. Nous savons déjà que la poêle est sur le feu et qu'elle contient trois petites *bouquette* nageant dans le beurre. Avez-vous l'ouïe assez fine, vous entendez le bruit de l'eau qui bouillonne dans une grande marmite, à côté de la poêle. Vous avez deviné, si vous êtes du pays wallon, qu'un énorme pot en étain rempli de vin, de sucre et de canelle, plongé dans la marmite, chauffe au bain-marie. Voilà de quoi soutenir la franche gaîté des convives !

—Je vais vous conter une petite plaisanterie de mon jeune temps, nous dit le vieux Corombelle. Il y a de cela cinquante à soixante ans, à la messe de minuit, à la cathédrale St-Lambert, presque tous les assistants avaient le front et les mains noirs. On se demandait : qu'avez-vous donc ? Vous êtes *mahuré* !

On était laid à faire peur. Des farceurs (on était méchant alors) s'étaient avisés de verser dans le bénitier du noir de fumée en poudre, *delle warselle*.

A la révolution, le conseil municipal interdit les messes de minuit : autant les fêtes de famille étaient agréables et paisibles, autant le tapage dans les rues et les cabarets, au sortir de la messe, prenait graduellement les proportions d'une orgie. (1)

Je conserve toujours une vive impression de l'heure de minuit, à Noël. Je me suis trouvé dans de grands faubourgs et dans des villages aux environs. Là, tout le monde était sur pied : on attendait l'heure pour tomber à genoux et prier: Au moment solennel, le plus grand silence régnait; les âmes étaient émues ; on respirait à peine. Après un instant de recueillement, on disait à haute voix des litanies; un peu plus loin, une voix claire et sonore entonnait quelque touchant

(1) « Ne voulant rien négliger pour maintenir la tranquillité publique, les nuits de Noël étant toujours des occasions où beaucoup de gens s'abandonnent à des excès de boisson, plus à craindre dans ces moments où les têtes sont plus exaltées, etc.; le Conseil croit devoir requérir les administrations des églises de ne point faire des messes pendant la nuit, à la fête de Noël, et de les remettre à la matinée. » (Manuscrit Mouhin, t. 1, p. 392.)

noël wallon : *Accorez, cuseune Mareie, à Bethléem atot mi* ; ou bien : *Souh, Mareie, qui fait-il freud !* Quelle touchante naïveté, quelles douces impressions nous éprouvions dans ces nuits bénies !

— Ne regrettez pas votre enfance, cher père ; nous tâcherons de nous amuser tout aussi bien, reprit Madame Jean Corombelle : il a été décidé qu'au réveillon, chez bon papa, on ne parlerait pas de croyances. Je demande pourtant la parole pour cinq minutes : je tiens à raconter à ce jeune amateur de vieilleries quelques préjugés.

Connaissez-vous, Monsieur, tout le mérite que nous attachons encore à nos anneaux de mariage ?

— Non, Madame ; je serai bien heureux de l'apprendre. Cependant, je dois vous avouer qu'en société, les vieux usages sont bien loin de ma pensée.

— Fort aimable. D'abord, un anneau de mariage pendu à un cheveu, au-dessus d'un verre d'eau, choque le verre et sonne, si la personne propriétaire du cheveu doit se marier ; l'anneau ne bouge pas pour les individus destinés à rester célibataires. Les coups que le dit anneau frappe sur le verre indiquent le nombre d'années endéans lesquelles le mariage s'accomplira.

— Tiens, maman, dit la petite demoiselle, voilà un de mes cheveux ; veux-tu me le dire ?

— Tu es trop jeune, mon enfant; plus tard. Vous savez, peut-être, qu'une jeune fille qui perd son tablier ou sa jarretière est presque sûre qu'on la trompe, ou qu'on oublie les serments qu'on lui a jurés maintes fois. Mais, pour une femme mariée, l'un des plus funestes présages, c'est la perte de l'anneau des noces ! Dans nos grandes villes aussi bien que dans les Ardennes, perdre son anneau est une chose terrible!

— Dites-vous vrai, maman?

— Mais non, Louise; ce sont des superstitions que je raconte à Monsieur. Il y a quelque temps, à peu de distance de Liége, on a vu plus de cinquante personnes (¹) se mettre à chercher l'anneau d'une jeune dame, très-estimée dans l'endroit, et qui était loin de manquer d'instruction; mais elle avait cette faiblesse: depuis la perte de son anneau, elle s'attendait à tous les malheurs.

— Je prendrai le mien très-étroit, pour ne pas le perdre.

— Veux-tu te taire, petite fille? On fit venir un individu, né un dimanche, entre deux messes! il fut appelé, en l'absence du mari, pour jeter la baguette. Mais, malgré toute sa noire science, il ne découvrit jamais l'anneau tant désiré. Deux

(¹) Historique.

mois après, la servante le trouva aux pieds d'une haie, et sans jeter la baguette, je vous assure. — Mille remercîments, Madame.

Le vin chaud pétille dans les tasses. Comme on s'amuse! Comme la jeune dame est aimable! Que Monsieur Jean Corombelle a d'esprit et comme il est bon et simple dans son langage, lui si fort, si distingué au barreau! Que d'aisance chez sa gracieuse dame! ils sont donc tous bons, dans cette famille! Entendez-vous les deux vieux, comme ils *engagent* leur monde? *Magniz co' n'pitite! buvez co 'n'tasse! nos avans si bon tos essônle, à l'veie môde !*

Quelle bonne soirée! comme on s'amuse ! Et mademoiselle Louise, comme elle est formée pour son âge! Elle est encore plus belle que sa mère. Sa grand'maman l'embrasse; je voudrais bien en faire autant, si elle était plus âgée, et si j'avais une position.

— Tiens! voilà trois lumières! avec celle qui arrive de l'autre place. Cela annonce un mariage pour la personne qui se trouve sous une poutre. C'est vous, Monsieur; voilà le pronostic de votre prochain mariage.

— C'est possible, Madame ; mais je ne suis pas pressé.

Mes yeux ont rencontré ceux de la jeune et

intéressante Louise, placée à l'autre bout, aussi sous la poutre.

En ce moment des voix se font entendre au dehors. On chante autour de la serrure, à la porte de la rue. Quelques femmes cachées, la tête enveloppée dans leur jupon de laine, *li cotte di d'seure*, répétent des noëls. Ecoutons ! *On vint hèyî* !

Cak ! cak' à l'ouh'e qu'est-ce qui j'ôs çi ?
C'est ine pitite pucelle qu'est accoukeie d'on fi.

On écoute en silence : les plus jeunes ont peur ; ils se réfugient près des grands parents.

Ecoutons :

Haïe, jans ! corans-y tot dansant, (*bis*)
Veie li mirâk di cist èfant
    Qu'est né d'ine jône pucelle ;
Dihomb'tu J'henne, dihomb'tu J'han !
    Dihomb'tu don, bâcelle !

O soûr Mareie, vinez avou ; (*bis*)
Nos passrans po mon m'fré Ernou,
    Qu'il nos mône à l'valêie ;
Il fait si spès qui j'a paou
    Qui nos n'seyanss' d'rôbèie. ([1])

---

[1] Pour les 16 couplets, voyez : *Choix de chansons et Poésies wallonnes, recueillies par* B. (Bailleux) et D. (Dejardin). Liége 1844, in-8°.

Après plusieurs chansons de ce genre, on entendit :

—*Ine pitite saquoi dai, nosse Dame, s'il v' plait, à l'honneur di Diu.* Probablement grand'mère Corombelle s'y attendait; car trois énormes bouquettes grandes comme la poêle étaient déjà toutes prêtes pour les pauvres chanteuses.

Le temps passe vite chez ces bonnes gens. Des détonations de boîtes annoncent l'heure de la naissance de Jésus : il est minuit ! Une grande chandelle est allumée ; les dames s'agenouillent et prient.

A minuit et demi, on voulait nous faire entamer le boudin, goûter du foie, etc. (*li dresséie*). Mais nous n'avions plus faim. Nous laissâmes les deux vieux *resouper*, pour suivre la coutume, bien qu'ils ne revinssent pas de la messe de minuit.

J'ai reconduit la jeune Louise, et je n'ai pu dormir jusqu'au matin : il est vrai que les rues étaient bruyantes ; on chantait partout.

Et mon cœur chantait aussi. — Je vais bien étudier, me disais-je, pour passer mon dernier examen.

CHAPITRE XVI.

Premier janvier 1851, 7 heures du matin. — J'embrasse mon père et ma mère ; je leur souhaite santé et contentement. Je déjeûne avec des gauffres, selon l'usage, puis je me sauve ; je vais presser les mains à quelques bons amis. En sortant de ma demeure, c'est une petite fille, qui me souhaite la bonne année, la première. Une fille!! On dit qu'elles portent malheur ! Je crois que je deviens superstitieux. Il est vrai que nous le sommes tous plus ou moins. Je suis ennuyé de ce que c'est une fille. Quelle faiblesse ! — Petite, comment te nomme-t-on ?

— Louise, Monsieur. — Ceci est d'un heureux présage.

— Vraiment, c'est Louise ? — Mais oui, Monsieur. — Tiens, voilà pour toi. — A quelques pas, l'honnête enfant accourt en me disant : — Monsieur, vous me donnez trop : 50 centimes? —

Garde, ma petite Louise. — Voulez-vous encore des *nûle*, Monsieur ? — Merci.

En allant voir D. dans son quartier, j'entends une fameuse querelle : c'est la dame de la maison qui accable la pauvre servante d'injures.

— Je vous chasse, dit-elle furieuse : vous m'avez porté malheur pour un an, en me souhaitant la bonne année la première. — La pauvre fille sanglote : elle croyait avoir mérité un supplément d'étrennes. Au lieu de cela, elle vient d'être maltraitée par sa maîtresse qu'elle aime ; et ses souhaits venaient d'un bon cœur ! Toujours des préjugés !

Je sors de chez Jean Corombelle. M. et Mme ont bien accueilli mes souhaits. Mes quelques paroles ont paru faire plaisir. La corbeille était remplie de cartes fraîches, arrivées le jour même. Un domestique, sans galons, était à la porte. On entre en foule pour presser les mains de M. Jean Corombelle ; les plus haut placés viennent témoigner estime et sympathie à l'homme de bien qui doit sa position à son talent, et met au service de son pays les qualités de son cœur et de son esprit. Il m'a dit en me reconduisant : — Mon père fait du cas de vous, Monsieur, si un jour je puis vous être utile, comptez sur mon zèle.

En me retirant, je me disais : cet homme est bon

et charitable, je sais qu'il fait beaucoup de bien ; il est de toutes les sociétés philanthropiques ; il doit être aimé de Dieu, car il aime ses semblables; il fait le bonheur de son vieux père et de tous les siens. S'il se faisait encore des saints, j'implorerais son influence.

Allons voir notre batelier, je veux dire M. Paschal Corombelle; il aura peut-être encore quelque chose d'intéressant à me dire...

—Une bonne année, Monsieur Corombelle; une bonne santé, surtout. Je fais les mêmes souhaits à Madame Corombelle; je la prie d'accepter cette douzaine de *galets* (¹).

— Merci, Monsieur, *vos estez bin binamé. Ji v' sohaite, mi, ine bonne roïène ! Kiduhéve todi bin, et l' bon Diu f'ret l' reste.*

— Bonjour ! bonjour ! mon jeune camarade. Les enfants donnent-ils toujours des *nûle*, à Liége?

— Oui, M. Corombelle, j'ai reçu une hostie verte, pour la première, ce matin. *On vert nûle!* c'est l'espérance. Je ne l'ai pas collée sur ma porte comme on fait partout pour éloigner les mauvais esprits et les maladies, je l'ai renfermée précieusement dans une belle boîte, avec le nom que portait la petite qui m'a souhaité la bonne année.

(¹) Galettes, gaufres.

Je deviens superstitieux. Elle portait le nom de votre petite fille.

— Mais non, Monsieur : les hosties portent l'image de Dieu sur la croix, répondit la vieille dame.

Puis Corombelle reprit : — Vous venez pour continuer votre enquête, jeune homme. Eh bien ! je ne sais plus grand'chose ; outre qu'à mon âge, on commence à se répéter sans crier gare. Écoutez pourtant.

Un homme de mon temps me disait, tout à l'heure, qu'à Grand et Petit-Rechain, à Dison, enfin à Verviers et dans les environs, c'était le jour de l'an, à la soirée, que les bandes d'ouvriers et d'ouvrières allaient *hèyî*, chanter de porte en porte, comme on faisait ici à Noël et aux Rois. Voici à peu près ce qu'ils chantaient pour obtenir des étrennes :

        Nosse kipagneie est rasseimblêie ;
        Nos vocial tos po v'ni hèyî :
        Nos v'sohaitans ine bonne annéie
        Et brammint d' patâr à wâgnî ;
        Dès waffe, delle dorêie et dè vin :
        Oyez-v' dèja nos r'mercimint ?

        Qui l' bon Diu v'wâde des grands mâ d' tiesse
        Et qu'il v's avôie ine grande richesse,
        Et po vos feye des bais galant,
        On bon manège, des bais èfant.

> Nos v' dihans grâce po vos binfait
> D'avu rimpli tos nos banstai;
> Nos v' rimercihans po l' bonne hèle (¹)
> Qui vos nos avez d'nné.
> Puis nos 'nnè rallans
> Jusqu'à d'vins in an,
> Si nos vikans.

Pour éviter les méchantes chansons et les cris injurieux du peuple, on s'empressait de donner des fruits, des gâteaux et même des jambons.

Mal avisés ceux qui ne donnaient pas! On cherchait à les insulter par tous les moyens. Les bons souhaits tournaient en charivaris. On *pailetait* comme pour les veuves qui se remarient.

> A l' hèle, à l' Dame! à l' vête èplàsse!
> A maiss' qu'a chî tot plein s' cou d' châsse.
> I n'ont pus rin,
> Ni pan, ni vin.
> C'est on pauve maisse,
> Qui broule ès si aisse!

(¹) *Hèle*, probablement de *hèli*, quêter. V. le dict. étymologique de Ch. GRANDGAGNAGE.

CHAPITRE XVII.

LES ROIS.

Le 5 janvier 1851, par une belle gelée, je vais revoir mes vieux amis de Fragnée. Je passe la soirée avec quelques voisins et plusieurs de leurs enfants. La grand'maman a préparé une fève noire et vingt blanches. Le modeste souper terminé, le Benjamin de la famille vient tirer, dans le giron de grand'mère, une fève à la fois, et à chaque tirage, nous entendons ces mots prononcés d'une voix solennelle :

1° *Po l'bon Dieu !*
2° *Po la sainte Vierge !*
3° *Po grand'papa.*
4° *Po grand'mére.*
5° *Po m'fi Jean.*

En ce moment, la main de l'enfant laisse tomber une fève noire. — Il est roi ! il est roi ! vive le roi ! vive le roi ! — Comme il était absent, sa dame nous dit : — Je suis sa reine, et en cette qualité, je vous invite à souper mercredi prochain. — Malheureusement, la jeune Louise était retournée à la pension. Quel dommage ! — Enfin !..

La veille des rois, le boulanger avait envoyé un gâteau (les étrennes du boulanger). Suivant la coutume, le dit gâteau des rois contenait une fève ; il fut découpé en parties égales et partagé. Quelque temps après, un voisin fit sonner le bruit d'une fève tombant sur une assiette. De nouveau les cris s'élevèrent : — Il est roi ! c'est le roi de la soirée ! vive le roi ! — Je vais prendre le costume, nous dit-il en nous quittant ; mais bientôt il rentra portant quatre bouteilles toute crottées, chargées de cette terre grasse que les eaux de la Meuse viennent déposer dans les caves une ou deux fois par hiver.

Le roi vous prie de le fêter avec ce petit reste de Chambertin 1832, nous dit-il : goûtez-moi ça !

— Vive le roi ! le roi boit ! vive le roi ! *Vivât ! vivât !*

— Les fêtes de famille, disais-je à part moi, sont les bonnes, les meilleures fêtes.

— En buvant votre bon vin, si vous contiez quelque chose, voisin, reprit la jeune dame ; pour être tout-à-fait le roi de la fête, vous allez ajouter quelque chose à la collection de Monsieur.

— Mille fois merci, Madame.

— Je le veux bien : seulement, nous allons jouer aux propos interrompus; je vous débiterai, sans ordre, tout ce qui me passera par la tête.

— Oui, oui, ce sera deux fois plus amusant ! Vive le roi ! vive le roi ! vive le roi !

— On croit encore ceci dans les environs : écoutez. Quand on pouvait se procurer une poule noire venant d'une couveuse noire, on allait, la nuit de la St-Jean, à minuit, dans un chemin en croix, *ine creuhlêie vôie*, avec la dite poule noire. Passait alors quelqu'un qui demandait : — Que faites-vous là ? — On répondait : — J'ai une poule à vendre. — Combien ? — Un franc. — Ils ne s'accordaient pas sur le marché, et le passant continuait son chemin. Un second amateur de poule noire se présentait et faisait les mêmes demandes, sans plus de résultat. Mais le troisième achetait la poule, et avec la pièce qu'il vous donnait, vous pouviez acheter ce que vous vouliez, vous payiez toujours et la pièce revenait sans manquer dans votre poche. Voilà. — Vive le roi ! vive le roi !

— C'est de la monnaie du temps passé, répondit le vieux batelier; elle n'a plus cours. Aujourd'hui c'est le travail qui fait revenir le franc en poche.

— En prononçant ces paroles, il regardait ses petits enfants.

— Vive le roi! à la santé du roi! le roi a la parole.

— Me voici. Un jeune homme est-il amoureux d'une jeune fille qui ne le paie pas de retour, il y a un moyen infaillible de s'en faire aimer. Il faut se procurer une grenouille vivante et aller la mettre dans un nid de chiens-haies (¹). La grenouille sera mangée ; quand vous la verrez disséquée, cherchez-y deux os formant la fourche; muni de ce talisman, soyez sûr que celle que vous aimez ne vous sera plus indifférente : il faut qu'elle vous aime ! Voilà.

— A la santé du roi. Vive le roi! vive le roi!

— Jeunes hommes et jeunes filles, videz le dernier verre de la bouteille, si vous voulez vous marier dans l'année.

— Je viens de vous donner un bon secret pour avoir toujours de la monnaie en poche, et une recette pour vous faire aimer des jeunes filles, nous dit le roi de la fève; voici maintenant la formule qu'on emploie pour guérir les brûlures.

On fait une croix trois jours de suite sur la

(¹) Grosses fourmis noires qui se tiennent dans les haies.

partie brûlée en disant : — Maudit soit, au nom du Père et du Fils, ainsi soit-il. — Il faut faire grande attention à ne pas parler du Saint-Esprit. Ce dernier nom aggraverait le mal.

Autre formule : On fait trois croix sur la partie brûlée en disant : — Feu, perds ta chaleur comme Judas perdit sa couleur quand il trahit Jésus-Christ au jardin des Olives. Puis on récite cinq *pater* et cinq *ave* au nom des cinq plaies de Notre-Seigneur.

Voilà, mes enfants, les superstitions du vieux voisin tombé roi.

— Le cri du jour : Vive le roi ! à la santé de notre roi conteur ! Le roi boit !

— Le roi a la parole.

— Je suis bien heureux, mes chers voisins, de vous divertir avec mes vieilles croyances. Je continue.

Les habitants de nos villages, des environs de Liége, croient encore que les feux-follets (*les loumerotte*) ne sont ni plus ni moins que les âmes des enfants morts sans baptême. — Ne suivez jamais, disent-ils, ces lutins sous la forme de lumières errantes ! ces âmes punies sans savoir pourquoi vous conduisent dans des précipices; puis, avant de mourir, vous entendez leurs éclats de rire : *Hi ! hi ! hi ! hi ! hi !*

— Pourquoi donc serait-on si méchant avant

d'avoir reçu le baptême? Nous, les enfants de Dieu!

— En parlant ainsi, le vieux batelier regardait ses petits enfants. — Encore de la monnaie qui n'a plus cours, dit-il : vieux préjugés, mes chers petits.

— Je suis au bout de mon latin pour le quart d'heure, dit le roi de la fève. A d'autres.

— Toutes les voix répétèrent en chœur : Vive le roi ! Vive le roi ! *Vivât ! vivât !*

— A mon tour, dit le batelier. Quand les eaux de la Meuse débordent avant Noël, *elles sont foû rive treus feie l'annèie*. Voilà du moins une croyance populaire qui n'a rien d'effrayant pour les enfants.

— Merci, bon papa, répondit la jeune mère, Madame Jean Corombelle. Connaissez-vous, cher père, l'origine de cette coutume de tirer la fève et d'élire un roi par le sort?

— Non, ma fille.

— Mon mari me disait, ce matin, qu'elle nous venait des Saturnales, que célébraient les Romains aux Calendes de janvier. L'esclave mangeait à la table de son maître et le sort de la fève pouvait le faire roi pour quelques jours. (¹)

(¹) Dict. des orig. II, 543. — Il y en a qui font remonter jusqu'aux Mages la coutume de crier : *Le roi boit!* (CROON, p. 132, 135).

Du temps passé, reprit le batelier, on faisait de grands feux sur le marché de Liége. Les *fouwâ* s'allumaient la veille des rois. De 1433 à 1649, on a fait annuellement un feu de 24 charretées de houille devant les degrés de la cathédrale St-Lambert, un de 16 charettées devant Neuvice, et un troisième *fouwâ* devant la petite Fontaine, de 12 charretées (¹).

Ces feux de joie rappelaient la victoire remportée par les hommes des trente-deux métiers sur l'ambitieux bourgmestre *Wâthy d'Anthinne* (²).

— Eh bien! moi, voisin Corombelle, répondit le roi du jour, je n'ai pas soixante ans, et j'ai vu, aux Tawes, des *fouwâ* si gros qu'il fallait trois jours à plusieurs hommes pour les monter. Ces montagnes brûlantes s'allumaient le dimanche *des grands feux* (³) et elles flambaient 15 jours durant. Les houillères des environs envoyaient des quantités énormes de charbon de terre.

— Aujourd'hui ces charretées se donnent aux pauvres ; notre houille ne brûle plus inutilement.

— Bonne remarque, chère dame. – Connaissez-vous le pigeon de St-Hadelin ? Voici ce qu'on en

(¹) Manuscrit Houyet, pages 371-372. Bouille, tome II, p. 21.
(²) Jean de Stavelot et les historiens de Gerlache, Henaux et Polain le nomment Wathieu d'Athin.
(³) Huit jours après le carnaval.

rapporte. Au retour d'un long voyage que St-Hadelin avait fait avec St-Remacle, les deux amis se trouvèrent si fatigués que l'un d'eux s'endormit. Alors Saint-Remacle fut assuré que son compagnon de voyage était un saint homme protégé de Dieu, parce qu'un pigeon voltigea tout le temps du sommeil au dessus de sa tête pour le préserver des rayons solaires (1). — Vive le roi ! à sa santé !

— Merci, chers amis. Vous savez, n'est-ce pas, que Dodo, le meurtrier de St-Lambert, avait six doigts à chaque main. Les enfants qui naissent avec cette difformité causent un grand chagrin à leurs parents ; ils portent le nom de Dodo, ce qui, dans la mémoire du peuple, signifie *assassin*.

La grande histoire de l'Église (2) raconte que le traître Dodo, l'assassin de St-Lambert, mourut dans l'année même où il avait perpétré son crime, vomissant ses entrailles et ses boyaux.

La plus grande injure que le peuple peut vous lancer, même aujourd'hui, c'est : — *Ti d'hinds d'el race di Dodo, t'est on moudreu !!*

(1) Grande histoire de l'Église : v. ci-après).
(2) Pour la mort de Dodo et les miracles de saint Gangulphe, saint André et saint Jacques, etc., etc., voyez : *La grande histoire de l'Église*, imprimée et vérifiée à Bruxelles le 26 octobre 1622 (par Joannes Abbas Parcensis vicarius, et Aubertus Miræus censor regius).

Vous savez, mais je tiens à vous le rappeler, que Saint-Hubert étant à la chasse, s'est trouvé devant un cerf qui portait le Christ sur sa tête, entre ses deux bois.

— Oui ! Oui ! Vive le roi de la fève ! il est bien bon, votre Chambertin. De quelle année est-il ?

— Je croyais vous l'avoir dit. C'est du Chambertin 1832, et du vrai encore ! — (Tout bas à son voisin) Sont-ils *dedans* ?

— A votre santé ! il est délicieux. Vive le roi !

— Ce bourgogne me rend la mémoire. Écoutez : Les eaux de la Meuse étaient tellement grosses, à Liége, en l'an 1374, que le sacristain de l'église de Saint-Jacques se trouva dans l'impossibilité d'allumer la lampe qui se trouvait devant la statue de Saint-André.

« O grand Saint-André ! dit l'allumeur, soyez vous-même le sacristain; car vous voyez je ne puis allumer votre lampe. » Alors, dit le livre, la lampe s'est allumée toute seule; elle a brûlé pendant cinq jours et cinq nuits sans s'éteindre et plus brillante que jamais, éclairant les eaux qui empêchaient d'aller remettre de l'huile.

C'est le patron des bateliers, Saint-André.

— De ce temps-là, c'est possible; mais aujourd'hui c'est Saint-Léonard, répondit le vieux Corombelle.

— Mon père me contait, dit le roi de la soirée, que vers la fin de l'année 1762, il arriva en cette ville un certain prophète qui prédit à tous les habitants de Liége que, le six janvier 1773, jour des rois, le peuple périrait ! La crédule population fut consternée. On se confessa, on communia dévotement pour se préparer à la mort. La foi était robuste alors. Le sept janvier, les Liégeois étant restés bien portants, le prophète fut obligé de se sauver à Aix-la-Chapelle. (1)

Voilà, mes enfants, une croyance du bon vieux temps; il y avait de quoi mourir de peur.

— A la santé du roi !

— L'espoir de trouver des trésors cachés existe encore. On n'a pas cessé de croire aux vieux coffres pleins d'or cachés dans les vieux châteaux, dans les jardins et dans plusieurs maisons de nos villes, parfaitement connues.

Il n'y pas longtemps qu'un propriétaire d'Angleur demandait à son jardinier, qui n'y comprenait rien, pourquoi il avait fait un trou de trois mètres de profondeur dans son jardin, en face du berceau d'ifs. On a su, par les habitants, que cette place était désignée comme renfermant les trésors du célèbre Bodart. (2)

(1) Manuscrit Houyet, page 479.
(2) Les gens de l'endroit désignent encore le berceau et la

En Ardennes comme en Bretagne, c'était *li gatte d'aur qui trovéve les trésôr*. Au château de Logne, près Bomal, sur l'Ourte, *elle les wardéve*. Malheur à qui aurait pénétré dans sa retraite !

Puis, tournant les yeux de mon côté, le vieux batelier me dit :

— Tenez pour achevé, mon jeune ami, votre Mémoire sur les croyances ; vous n'aurez jamais la dernière. A chaque pas dans la vie, on se heurte à un préjugé, à une superstition quelconque; et, comme il nous reste presque toujours quelque faiblesse au fond de l'âme, on peut dire qu'il n'est pas un homme sur dix mille qui ne conserve une petite part de ces folles croyances. Qui nous dit que les savants n'ont pas aussi leurs superstitions et leurs naïvetés? qui n'a pas ses remèdes familiers, sa croyance secrète aux bonnes chances et aux destins funestes?

— Eh bien ! Messieurs et chers amis, reprit le roi de la soirée, finissons cette fête comme finissent les pèlerinages. Levez-vous et dansons ! — Aux éclats de sa voix, les enfants s'éveillent; la chaîne se forme; la main dans la main, on tourne autour de la table, et le bourgogne aidant, la joie brille sur les vieilles figures comme sur les jeunes,

place; il y a deux ans à peine qu'on y a fait de nouvelles fouilles pendant la nuit.

sur les beaux et frais visages. Nos bras se lèvent et nos voix répètent : Vive le roi ! vive le roi !

Quel dommage ! Louise n'est pas de la fête...

Madame Jean Corombelle vient de remonter dans sa voiture avec ses enfants. Les vieux voisins sont à la quatrième bouteille de 1832. — Bonne nuit !

En descendant le quai, j'entendis longtemps encore, de bien loin, les joyeuses chansons du roi de la fève et le vieux refrain répété par les convives :

> Vocial les carnaval
> Crotal,
> Nos frans les pan dorés
> Crottés !

Pour en finir avec les croyances populaires, l'auteur croit convenable de donner quelques nouvelles des six jeunes gens partis pour Visé en septembre 1850, et qu'il a laissés à Herstal, dans une salle de bal.

Seize ans après cette petite excursion, deux Messieurs causaient ensemble en prenant un petit verre au café Charlemagne, place St-Lambert.

Nous avons sténographié leur conversation : la voici, si vous y tenez.

— Te souviens-tu de notre petit voyage en nacelle avec le vieux... Comment donc ?...... Paschal, je crois.

— Sans doute. Mais depuis ce temps-là, mon cher, il y a toute une vie : 15 à 16 ans !

— Commençons par toi. Qu'es-tu devenu ? Es-tu toujours juge de paix à S...?

— Non ; j'ai été nommé dans un autre *port de mer*. Mais, par l'influence des parents de ma femme, j'espère revenir à Liége. Du pain sec, à Liége, vois-tu, mon cher, avec une redingote passable, eh bien ! cela vaut mieux que des dindes aux marrons, rue Grand-Vinâve, à Jemeppe.

— Et toi, Raborive, sois franc : que fais-tu ?

— Moi, mon cher, j'attends ! j'ai une bonne femme et sept enfants, c'est déjà quelque chose. Ensuite, j'ai foi dans un rêve qui m'annonçait que, quand le gouvernement changerait de couleur, j'obtiendrais une bonne place. J'attends, comme tant d'autres, les places et les honneurs. Mais je m'amuse à bon compte. D'abord, je conduis les camarades dans les plus beaux, les plus nouveaux cafés. Je sais pourquoi ! Je représente plusieurs maisons. Je sais pourquoi ! Je me mêle d'élections. Je sais pourquoi ! J'écris dans un journal et je dis du bien de tous les acteurs du Théâtre royal. Je sais pourquoi ! Et si je réponds pour quelques centaines de francs dans une entreprise, je sais pourquoi. Je suis influent, mon cher, comme un vieux saint de bois de village. A cela près que mes poches servent de tronc, le plus possible. Mes articles dans les journaux sont signés M.-X., ou bien X.-K., ou bien B.-X. J'ai de l'influence, je t'assure.

Après tout cela, j'élève ma petite famille avec la fortune de ma femme, et je me laisse conduire comme dans la barque à Paschal. Que veux-tu faire ?

— Et Florent Quârreux, qu'est-il devenu ? je ne le vois plus, ce bon garçon.

— Ce pauvre diable, il a sacrifié tout son temps à un parti politique; sa fortune a été fondue dans les fonds publics, puis il est mort, laissant quatre enfants sur les bras de sa veuve. On dit que les gros bonnets récompenseront le père en protégeant sa progéniture. Le pouvoir n'oublie pas toujours.

— Et le gros dormeur de la nacelle, le gros Antoine, est-il parvenu ?

— Mais pas trop mal, il va venir; il est très-fort au jeu de billard. N'ayant pas trouvé d'emploi comme ingénieur, il a fini par se marier. Près de dix ans, il a battu le pavé, et comme il n'avait aucune position, ses beaux parents l'ont fait fabricant d'armes. C'est une ressource à Liége.

— C'est donc bien facile, cette fabrication?

— Connais pas. Les deux mieux placés des six, c'est Achille Darchis et X. Debouny. Achille s'est fait négociant ; il est allé dans les grandes fabriques de Paris et de Saumur, il a fait de grands achats en objets de piété; il a maintenant trois voyageurs qui vont partout les pays où sont les saints miraculeux. Il est en train de faire une très-grande fortune. Voilà comme on spécule sur les croyances populaires.

— Et notre chercheur de remèdes et de vieilleries, qu'est-il devenu ?

— Jacques X., en voilà un qui a fait son chemin! il n'a pas réussi comme avocat; non : il était timide, il manquait de décision.

— Je sais, un brave garçon, voilà tout.

— Eh bien, mon cher, il occupe une place magnifique dans la magistrature ! Il est très-influent par sa place et ensuite par la haute position de son beau-père. — Qui a-t-il épousé?

— Comment, tu ne sais pas? Paysan! une charmante femme, mon ami, Mademoiselle Louise

Corombelle, la fille du célèbre Jean Corombelle !
il a tous les bonheurs. Tu as connu son grandpère? c'est lui qui nous conduisait en nacelle.

— En voilà un de miracle!

— Oui, mon cher, si tu veux revenir à Liége, va voir Jacques X.; demande sa protection, si tu veux réussir. Rappelle-lui que, dans le temps, tu l'as initié aux influences des saints, et ajoute que tu viens solliciter la sienne. Dis que tu as la fièvre, le mal du pays, que sais-je? enfin, que tu as besoin de respirer l'air de la place St-Lambert.

— Il a trouvé le saint qu'il fallait servir et honorer : il a de la chance, ce farceur-là ! Je vois bien que les parents de ma femme n'ont pas le bon côté. Voilà douze ans que je suis ballotté d'un village à l'autre. Te souviens-tu de cette bonne femme qui nous demandait le saint qu'on devait prier pour réussir dans une entreprise ? Jacques X. l'aura deviné, lui. Je prie Dieu, disait la bonne femme, pour qu'il m'indique une bonne adresse. Tu vois que les prières ne vont pas au bois. — Et le vieux batelier, vit-il toujours ?

— Oui, mon cher, il demeure à Fragnée ; il a maintenant plus de 85 ans. Quand il fait bien chaud, on le voit encore au bord de la Meuse, dans un bon fauteuil. De là, il contemple le fleuve qu'il aime ; il compte les bateaux. Et quand les voisins l'approchent, il parle de ses campagnes, de sa famille, de ses enfants; il faudrait voir cet heureux père, quand il parle de son fils Jean ! Quel feu dans son regard ! Ah ! mon cher, je ne connais pas d'homme plus heureux ! On ne peut rêver plus belle vieillesse. — Voyons, il faut aller trouver Jacques X., notre ancien camarade, le gendre de Jean Corombelle ; tu iras le féliciter.

— Féliciter de quoi ?

— De sa nouvelle distinction. Il vient d'être nommé chevalier de l'ordre de Léopold !

— Il va bien,

— N'est-ce pas ? Tout lui vient sans offrandes ni pélerinages. On lui aura jeté un bon sort.

— Voyons, toi, tu veux me donner à croire que les œufs de Pâques arrivent sur des bateaux d'osier, le dimanche, au premier son des cloches. A d'autres, mon ami.

— Je t'assure : si tu veux revenir en ville, vas voir Jacques X. ; vas-y aujourd'hui, il est chez lui ; mais il part demain par le premier convoi, avec sa chère Louise et ses trois enfants. En avant, marche !

— Aujourd'hui, mille fois non ! Je suis dans un trop mauvais jour. J'ai rêvé du bonheur cette nuit, c'est d'un mauvais présage ; les songes sont menteurs. J'ai renversé la salière en déjeûnant, et je ne veux pas commencer le métier de solliciteur un vendredi. — Encore si j'avais sur moi un morceau de corde de pendu, ou seulement une pièce de monnaie trouée !

— C'est donc la superstition qui t'arrête, toi aussi ! Je n'en reviens pas.

— Mais si tu apprenais que j'ai tué treize araignées ce matin ! !

— Ce que je dirais ? Rien que deux mots : tu as raison ; reste au village.

FIN.

TABLE ALPHABÉTIQUE

DES MATIÈRES.

Accouchements, 159, 164, 204 et suiv.
Amant infidèle, 214.
Anneau perdu, 230.
Araignées, 58.
Baguette divinatoire, 164, 230.
Bernard-Fagne, 152.
Blessures, 140.
Bourse de Fortunatus, 241.
Boutons et clous, 117, 121, 126, 170.
Brûlures, 124, 164, 242 et suiv.
Brusthem (les trois saintes sœurs de), 34 et suiv.
Buis bénit, 95.

Cancer, 29.
Cauchemar, 52.
Cheveux, 177 et suiv.
Chèvremont, 65, 132 et suiv.
Coliques, 159, 163, 187.
Conscription, 49.
Convulsions, 125.
Cordons (magiciennes aux), 68.
Cornillon, 185 et suiv.
Cors aux pieds, 215.
Coucou, 61.
Coupures, 123.
Crampes, 126, 160.
Croûte de lait, 128.
Dentition, 55, 86.
Dieupart, 180.
Empoisonnements par les moules, 125.
Entorses, 56.
Envoûtement, 64.
Erysipèle, 36, 126, 169.
Etoiles filantes, 178.
Exorcismes, 69 et suiv., 164.
Ex-voto, 120, 253.
Feux-follets, 243.
Feux de la S^t. Jean, 95, 97.
Feux de joie, 245.
Fève des Rois, 244.
Fièvre lente, 165.
Fontaine de Wihou, 30.
Francs-maçons, 53 et suiv.
Frissons, 159, 169.

Gatte d'aur, 69, 249.
Gaufres bénites, 33.
Gerçures, 122.
Godaresse, 67 et suiv.
Goutte, 30, 121, 124.
Grivegnée, 131.
Guérison du bétail, 18, 44, 120.
Haekendover, 20.
Hamelette, 50.
Hèyi, 232, 237 et suiv.
Hoquet, 52.
Immersions, 93 et suiv., 140.
Ivrognerie, 124 et suiv.
Jaunisse, 37, 127.
Jours fastes et néfastes, 89 et suiv.
Mal caduc, 45.
Mal St Eloi, St Jean, etc., 209.
 » S. Laurent, 124.
Marc de café, 63.
Mareie (li neure), 30, 157 et suiv.
Mariages, 220.
Maux de dents, 46, 161.
 » de gorge, 56, 163, 168.
 » de reins, 25.
 » de tête, 101, 120.
 » d'yeux, 30, 47, 51, 164.
Messe de minuit, 227.
Neuvaines, 65, 167, 169.
Névralgies, 122.
Niquet, 178.
Noël (coutumes de), 181 et suiv., 228 et suiv.

Notre-Dame d'Angleur, 220 et suiv.
- » de Bellaire, 160.
- » de Foi, 113 et suiv.
- » de Hal, 15, 92, 114, 144.
- » de Lorette (lez-Visé), 32, 41.
- » de Montaigu, 15.
- » *de l'plovinette*, 131, 159.
- » de St Remi, 196 et suiv., 213.
- » de la Sarte, 15, 109.
- » de St Séverin, 195 et suiv., 213.
- » de Verviers, 30, 157 et suiv.

Nouvel an, 99, 236 et suiv.

Nûle, 236.

Ock (la B. Marie), 38.

Orages, 203.

Paix-Dieu, 112.

Panaris, 123.

Pélerinages pour les morts, 221.
- » payés, 15, 112 et suiv., 206 et suiv., 222.

Peste, 42.

Phthisie, 96

Pied endormi, 52.

Plaies, inflammations, morsures, 56.

Plaies aux jambes, 117.

Pleurésie, 54.

Pluie, 131 et suiv.

Poireaux, 215 et suiv.

Pommes de St Jean, 98.

Poule noire, 91.

Poules et dindons, 119.

Prédictions, 248.

Présages, 57 et suiv., 89, 180, 216 et suiv., 255 et suiv.
Promesses, 91, 221.
Rats et souris, 45, 125.
Rénettes (muguet), 53, 167.
Revenants, 11 et suiv., 91.
Rhumatismes, 30, 126 et suiv., 161.
Rogne, 170.
Rois (fête des), 239 et suiv.
Ryckel, 35.
Saignement de nez, 90, 123.
Saint *Agrafa*, 121.
» Amour, 214.
» André, 168, 185, 247.
» Antoine (les deux), 28, 33, 129, 168, 172 et suiv.
» Aubin (*Abé*), 188.
» Bernard, 119, 129, 160.
» Berthuin, 202 et suiv.
» Blaise, 160, 168 et suiv.
» *Breïât*, 118, 131, 157.
» Charlemagne, 37.
» Cloud, 170.
» Donat, 203.
» Eloi, 45, 117, 120, 160, 206 et suiv.
» Evermar, 169.
» Feuillien, 114.
» Fiacre, 159, 209.
» Firmin, 25 et suiv., 41.
» *Fivlâ*, 118, 121, 131, 165.
» Georges, 155, 171.
» Gérard, 112.
» Gerlach, 18, 28, 44, 120.

Saint Gilles, 60, 107, 109, 118, 166.
   » Guy, 209.
   » Hadelin, 23 et suiv., 39, 40, 160, 245.
   » Hubert, 144 et suiv., 188 et suiv., 247.
   » Ignace, 112.
   » Jean, 92 et suiv., 120.
   » Job, 121.
   » Julien, 117, 185 et suiv., 210.
   » Lambert, 182, 206.
   » Laurent, 184.
   » Léger, 101 et suiv.
   » Léonard, 185 et suiv., 247.
   » Loup, 176.
   » *Mâkrawe*, 25 et suiv, 182.
   » Marcellin, 120.
   » Maur, 138 et suiv.
   » Nazar, 121, 129.
   » Nicolas, 225 et suiv.
   » Oremus, 187.
   » Pierre, 158.
   » Pompée (*Popé* ou *Copé*), 119.
   » Quirin (*Quoilin*), 117, 210.
   » Remacle, 154, 182, 209.
   » Roch, 144, 148 et suiv., 160, 189 et suiv.
   » Salomon (de *Bailoux*), 168.
   » Servais, 16.
   » Thibaut, 120, 190.
   » Trond, 169.
   » Valentin, 128.
   » Vith, 179.
Sainte Adile, 200 et suiv.

Sainte Agathe, 159, 184.
- » Apolline, 46, 161, 183.
- » Balbine, 142, 155.
- » Barbe, 42, 43, 159.
- » Brigitte (d'Amay, de Fosses, de Grand-Rechain, de Lixhe et de Norbeek), 20, 28, 114, 115 et suiv. 129, 171.
- » Cornélie, 45.
- » Ernelle, 117.
- » *Fivlaine*, 118, 121, 131, 165.
- » Geneviève, 115.
- » Gertrude, 45, 121.
- » *Gotte*, 121, 124.
- » *Guérinette*, 215.
- » Julienne, 160.
- » Lucie, 169.
- » Marguerite, 159.
- » *Matrice*, 42, 121.
- » Ode, 116.
- » Odile. V. Adile.
- » Reine (*Rogne*), 170.
- » Rolende, 191 et suiv.
- » Rose, 126.
- » *Rwesmelle*, 159, 211 et suiv.
- » Ursule, 36.

Salette, 112, 138.
Sang arrêté, 122 et suiv.
Seins, 159.
Sevrage, 166.
Signure, 29, 60, 68 et suiv., 161 et suiv.
Sorcières, 125, 177.
Talisman pour se faire aimer, 242.

Tancrémont, 156.
Teigne, 47, 56.
Tireuses de cartes, 62.
Toux, 168.
Transpiration, 127, 187.
Trésors cachés, 248. V. *Gatte d'aur*.
Ver solitaire, 128.
Vers (des enfants), 30.
Vierges noires, 32, 158.
Wyck, 17.
Zepperen, 35.

www.ingramcontent.com/pod-product-compliance
Lightning Source LLC
Chambersburg PA
CBHW050653170426
43200CB00008B/1272